智元微库
OPEN MIND

成长也是一种美好

AI

领导课

企业数智化转型的 9 项关键行动

THE AI-SAVVY LEADER

9 Ways to Take Back Control and Make AI Work

［比］ **大卫·德克莱默**（David De Cremer） 著

邓斌 译

人民邮电出版社

北京

图书在版编目（CIP）数据

AI 领导课：企业数智化转型的 9 项关键行动 ／（比）大卫·德克莱默著；邓斌译. -- 北京：人民邮电出版社，2025. -- ISBN 978-7-115-66253-8

Ⅰ. F279.12

中国国家版本馆 CIP 数据核字第 20247VP276 号

版 权 声 明

◆　　著　　[比]大卫·德克莱默（David De Cremer）
　　　　译　　邓　斌
　　责任编辑　王铎霖
　　责任印制　周昇亮

◆人民邮电出版社出版发行　　　　　北京市丰台区成寿寺路 11 号
　邮编 100164　　电子邮件 315@ptpress.com.cn
　网址 https://www.ptpress.com.cn
　天津千鹤文化传播有限公司印刷

◆开本：720×960　1/16
　印张：14.75　　　　　　　　　　　2025 年 3 月第 1 版
　字数：200 千字　　　　　　　　　　2025 年 7 月天津第 2 次印刷
　　　　著作权合同登记号　图字：01-2024-5716 号

定　价：69.80 元

读者服务热线：（010）67630125　印装质量热线：（010）81055316
反盗版热线：（010）81055315

本书献给张燮（Jess）和汉娜（Hannah）

赞誉

过去，企业竞争靠规模；未来，企业竞争靠数据和智能化能力。在 AI 时代，企业家要面对的巨大课题是：AI 不是选择题，而是必答题。大卫·德克莱默的书是 AI 领导力的及时雨，也会成为企业家的必读书。

——宋志平

上市公司协会会长，中国建材集团、中国医药集团原董事长

一部组织变革史即一部技术演进史。AI（人工智能）作为"人类历史上一项伟大的技术"，也许正在颠覆与我们每个人息息相关的组织。一切现存的组织形态，在不远的将来可能都会被人工智能彻底解构与重构。这绝非危言耸听。组织领导者们，尤其是企业家们，必须有强烈的危机感，而比拥有危机感更为重要的是行动！快速行动，"不要让人工智能打败了你们"！

大卫·德克莱默在他的新著《AI 领导课：企业数智化转型的 9 项关键行动》中提出了 9 项关键行动，相信能给处在数智化转型时期的企业和企

业领导者带来若干有价值的启示。

大卫是近些年来领导力研究领域老派而新锐的专家。"老派"是指其学术资本深厚，拥有引人注目的研究成果；也指其历史感浓重，包括对东西方领导力哲学的系统思考（我曾与大卫有过多达 10 次、每次 3 小时左右的关于东西方领导力的深入对话）。"新锐"是指其年富力强，更指其研究视角具有前瞻性和未来性：他总是站在技术与社会演变的潮头，以其思想张力引导甚至警劝企业领导者们应该如何、不应该如何。

关于愿景领导力与企业家的关系，大卫也许是着力最多、论述最具说服力的学者之一。在这一点上，他的这本《AI 领导课：企业数智化转型的 9 项关键行动》似乎走得更远：他充满忧患与激情，又富于远见和真知。

——田涛

《在悖论中前进》作者，华为公司管理顾问

作为 AI 伦理与治理研究的长期支持者，我深信技术的未来必须由"善治"引领。在通过捐赠支持大卫·德克莱默成立新加坡国立大学人工智能促进人类福祉中心（AiTH）的过程中，我始终在寻找能将技术潜力与人性价值相结合的领导者。大卫在《AI 领导课：企业数智化转型的 9 项关键行动》这本精彩的著作中提供了答案。本书直击 AI 时代领导者如何不被技术淘汰的本质：无须精通算法，但需要驾驭"人机共生"的智慧。我把这本书强烈推荐给每一位渴望在 AI 时代重塑竞争力的领导者！

——杜娟（Rachel Du）

慕昕科技创始人、董事长，新加坡国立大学 AiTH 创始捐赠人毫无疑问，大卫·德克莱默这本书出现得恰逢其时：AI 浪潮正在以前所未有的速度席卷整个世界，每个人、每个组织都经受着一轮又一轮思想和行动上的冲击；大多数企业家和其他组织的领导者，即使处在那些数字化水平很低的区域和领域，也产生了前所未有的压迫感和恐慌感；同时，AI 似乎成了一种时尚，而最先敏感地意识到这种潮流的同样是企业家和其他组织的领导者。每一个人，无论是主动还是被迫的，都被裹挟在这场 AI 的洪流中。AI 的洪流把更多领域、产业、组织和企业，以及组成这个世界的最重要的单元——"人"牵动起来，形成无法抗拒的宏大力量，改变着世界。这就是 AI 的出现被称为"第四次工业革命"的原因，而在这场"革命"中，最重要的三个要素——企业、其他组织、人，该如何融入，如何自洽，如何成为"领导者"而不是"被淘汰者"，正是大卫的这本书所要探讨的。

事实上，今天我们的企业已经走过了数字化时代、信息化时代，正在迈入智能化时代，但依旧有许多企业家和其他组织的领导者分不清楚这三者。他们还没有意识到，在经过对企业基础单元的数字化、信息化改造之后，企业的数智化转型将迎来最重要的环节——决策的智能化。在这一过程中，企业的领导者应当承担怎样的角色，组织的每一级领导者要承担怎样的责任，正是本书要回答和解决的问题。大卫给出了值得每一位企业家思考的建议和方案：企业的领导者要成为企业数智化转型的领导者、参与者、推动者，这是一场决策和组织机制的变革，而不仅仅是用 AI 提升基层的效率。

本书在毫不掩饰 AI 带来的光辉的同时，依旧相信人类智慧在 AI 时代是决定性和领导性的，我们需要更加深刻地思考，展现更多的人文关怀，建立更丰富的连接，发挥更与众不同的创新能力与创造力，与 AI 一起探索这个世界。

本书值得每一位企业家和其他组织的领导者花费时间和精力认真阅读，唯有如此，我们才能深刻理解和认识大卫的洞见，以及他希望向我们传达的思想。

——李涛

麒麟合盛网络技术股份有限公司（APUS）董事长兼首席执行官

从 GPT-3.5 引爆业界到 AI 大模型逐渐形成开源之势，我一直在研究 AI 领导力为当代企业家带来的价值和动力。如今，AI 的发展已经进入一个新的阶段，我希望每一位企业家都能读一读这本书，因为很多行业都会被这一波 AI 浪潮颠覆。这本书里蕴藏着全新的挑战和机会。

——李明顺

行行 AI 董事长，顺福资本创始合伙人

组织一号位对 AI 的认知、组织如何用 AI 实现重塑和转型，决定着 AI 时代每一个组织的生死存亡。这是技术发展带来的机遇与挑战，绝不仅是技术问题，也没有谁能代你去学、去做。"AI 盲"和"AI 莽"，对个人和组织都有极大的危害。请抓紧学习、深度思考、组织研讨，并行动起来。

——杨斌

清华大学经济管理学院教授、领导力研究中心主任

第一次世界大战开始时，时任法国总理克里孟梭讲过一句著名的话：

"战争太重要了，所以不能交给将军们去处理。"今天我们也可以说这样一句话："AI 转型太重要了，所以不能交给技术团队去处理。"

技术转型与领导力从来都是双向奔赴的。技术转型一定会推动领导力的变革，赋予领导力全新的内涵。与此同时，越是在技术转型的时代，我们越需要具备领导力，这样才能更好地引领技术转型的方向，带领人类走向全新的未来。在今天这样一个 AI 转型时代，领导力的重要性比任何时候都更为凸显。

大卫·德克莱默的《AI 领导课：企业数智化转型的 9 项关键行动》，从学习、目标、包容、沟通、愿景、平衡、共情、使命、情商 9 个方面，完美地揭示了 AI 转型时代领导者的行动蓝图。本书是一部 AI 转型时代如何发挥领导力的卓越指南。

——宫玉振

北京大学国家发展研究院讲席教授，

BiMBA 副院长兼 EMBA 中心学术主任

常常由于系统性目标以及相应领导力和文化的缺失，企业 AI 战略落不了地。本书正是围绕"如何激发人的潜能，催化组织实现 AI 化"这一话题，探讨并总结了企业在数智化转型过程中需要关注的 9 项关键行动。

——汪潇

数智全球化与三创管理研究专家，西交利物浦大学博士生导师

大卫·德克莱默深刻洞悉了 AI 热潮背后的本质，精准揭示了企业在 AI

部署上遭遇失败的主要原因。对有志于在 AI 驱动的新经济中蓬勃发展的企业领导者来说，这是一本必读之作。大卫·德克莱默向我们展现了一个重要观点：在这个 AI 时代，人类领导力的重要性比以往任何时候都更为凸显。

——琳达·艾弗里（Linda Avery）

威瑞森通信公司（Verizon）前首席数字与人工智能官，

纽约联邦储备银行前首席数据官

这是一本专门为企业领导者打造的卓越指南，它将指导你如何在组织中高效运用 AI 技术。书中提供了深刻的洞见，帮助你轻松跨越人与技术之间的鸿沟，实现二者的和谐共融。

——弗朗西斯科·维罗索（Francisco Veloso）

欧洲工商管理学院院长，伦敦帝国理工学院商学院前院长

阅读这本著作或许是领导者们为确保其公司在 AI 领域的探索不致迷失方向所做的最佳投资。这本书精准地展现了在企业引入这些前沿技术时，人类领导力的实用性、战术性和至关重要的作用。在当前市面上众多同类书籍仅停留在对问题的阐述上时，本书独树一帜，提供了切实可行的解决方案。

——南希·布朗（Nancy Brown）

橡树资本健康医疗 / 金融科技合伙人

众多企业领导者对 AI 的畏惧心理，常常阻碍他们迈出引领企业 AI 变革之旅的第一步。如何扭转这一局面，才能确保领导者成功推动 AI 部署项目？大卫·德克莱默的这本书为这个问题提供了清晰的答案，并详尽阐释了领导者应采取的行动。阅读本书，你将获得信心，以一位深谙 AI 的领导者的角色引领企业的未来。

——朗智文（Anu Rathninde）

江森自控亚太区总裁

本书将对 AI 话题的探讨提升到一个更深层次、更人性化、更具可操作性的层面。这与长期以技术为主导的叙事风格形成了极好的平衡。

——琳达·格拉顿（Lynda Gratton）

伦敦商学院管理实践教授，《未来工作》作者

这本书对所有渴望理解、引领并确保 AI 在组织内部成功实施的领导者来说，是一部至关重要的宝典。它凝聚了深刻的洞察力、创新思维和清晰易懂的表达，在理论洞见与现实世界的前瞻性视角之间实现了完美的平衡。

——里克·勒布朗（Rick Leblanc）

尼尔科（Nelco）全球公司总裁兼首席执行官

企业领导者渴求深入、实用的指南，以理解领导力与 AI 如何相得益彰，而本书正满足了这一需求。它是一本所有企业领导者不容错过的必读之作！

——杨益

江森自控亚太区战略和业务发展副总裁

在当今时代，没有任何企业领导者能够忽视 AI 的重要性。然而，AI 的快速变化、技术的复杂性，以及围绕 AI 的各种噪声，常常令人感到困惑。

大卫·德克莱默在本书中提炼了在 AI 部署中发挥领导力的核心见解，巧妙地融合了崇高的价值理念与接地气的实操策略。这本书不仅深入探讨了 AI 部署之旅，更对数字时代领导力进行了一次深刻反思。

——斯特凡诺·彭托尼（Stefano Puntoni）

沃顿商学院市场营销学教授，沃顿商学院 AI 项目联合主任

这本书是企业领导者的必读之作，它不仅提出了如何为迎接 AI 时代的挑战做好准备，更提倡了一种以人为中心的包容性 AI 部署策略。

——艾尔顿·马拉尼奥（Airton Maranho）

博世全球服务事业部数字化办公室负责人

如果你是企业领导者，渴望了解如何将 AI 部署策略转化为商业价值，那么这本书将是你必读的宝典。它在 AI 时代为领导力的各个方面提供了至关重要、引领变革的前瞻性见解！

——伯特·德雷克（Bert De Reyck）

新加坡管理大学李光前商学院院长

在 AI 开始重塑千行万业之际，大卫·德克莱默的这本书成了全球企业领导者的必读宝典。它是一本思想深刻、清晰透彻的指南，充满了关键的洞见和建议，专为那些渴望在数字时代有效部署和应用 AI，以保持领先地位的企业领导者所准备。

——贾斯珀·劳（Jasper Lau）

时代（Era）基金创始人兼首席执行官

译者序
人工智能≠人类智能

在翻译本书的过程中，我脑中一直盘旋着一个不等式：人工智能 ≠ 人类智能。

中国有句古谚："教会徒弟，饿死师父。"许多人之所以对人工智能抱有排斥心理，不愿提供更多数据来训练人工智能，是因为他们担心终有一日自己的生计会被人工智能夺走。当生存受到威胁时，人们自然难以考虑如何借助人工智能创造更大的价值。这与一些企业经营者提出的"职业经理人应培养能随时接替自己的继任者"之类不切实际的要求相似，效果寥寥。从心理学角度来看，自己挖坑给自己跳是根本不现实的。

那么，解决之道何在？我认为答案就隐藏在本文开头提到的不等式中。人类是万物之灵，在这个星球上拥有独特的智慧和能力，能够理解、改造和利用自然资源，创造丰富的文化和文明。从游牧社会、农业社会、工业社会到当前的数字社会，再到未来的智能社会，人类都能顺应社会的变迁，发明各种工具，解放自己的手脚或心脑，使生存环境更宽裕。但在这个过程中，人类要始终坚守一条不可逾越的底线：必须完全主导社会的过去、现在和未来！

在人类历史上的众多发明工具中，能与人工智能相提并论的，或许只有原子弹。1939 年，著名物理学家爱因斯坦写信给时任美国总统罗斯福，建议美国研究原子弹，以防止德国抢先研发成功。然而，在原子弹被投掷到日本广岛和长崎后，爱因斯坦深感后悔。他曾说，如果能预见德国不会成功研发原子弹，他也不会向总统提出这一建议。尽管他自始至终没有直接参与原子弹的研发，但他提出的质能转换公式 $E=mc^2$ 为原子弹的诞生提供了重要的理论基础。第二次世界大战（以下简称"二战"）结束后，爱因斯坦毅然投身于核裁军事业，晚年更是致力于推动原子能的国际合作与和平利用。二战至今，人类没有爆发核战争，而核电在全球总发电量中占比近 10%，在低碳电力中约占 1/4，有效改善了依靠化石能源的单一结构。

为什么人工智能这一超级工具的出现，会引起全人类的恐慌？我认为有两个原因：一是它具有自我学习和自我进化的能力，能够触类旁通，给出具有"涌现性"的答案；二是它的进化速度远远超过人类知识进化的速度，正如人们所说"AI 一天，人间一年"。当这两个原因同时成立时，人们还能任由其发展吗？因此，2023 年 3 月 29 日，包括特斯拉首席执行官（CEO）埃隆·马斯克、苹果联合创始人斯蒂夫·沃兹尼亚克、图灵奖得主约书亚·本吉奥等科技行业知名人士联名签署了一封公开信，呼吁全球所有人工智能实验室暂停训练那些比 GPT-4 更强大的人工智能系统至少六个月。这封公开信获得了上千名科技领军者和研究人员的支持，反映了业界对人工智能发展可能带来的风险的隐忧。

"运用之妙，存乎一心。"无论工具多么强大，只要它仍然是"工具"，人类就能够驾驭它。人工智能（artificial intelligence），顾名思义，是能够模仿人类感知、决策、执行的人工程序或工具。而发明和使用工具依靠的是人类智能（human intelligence）。人类智能决定了人工智能的本质、使用时机和方式。

本书正是从这一视角审视人工智能。作者认为"人"必须始终站在 AI 时代的"核心位置"。在企业场景中，"领导者"是员工群体能否站稳核心位置的关键驱动力。因此，本书以如何成为一位深谙 AI 的领导者为核心议题，探讨企业数智化转型的 9 项关键行动。

本书作者是一位知名行为科学家，已获得多项国际奖项，并入选 2021 年度"全球 50 大管理思想家"（Thinkers50）中"下一代商业思想家 30 人名单"。他的文字流畅易读，能引发企业管理者的强烈共鸣，一个关键原因是案例故事丰富、生动鲜活，大多源于他在商学院的课堂交流和企业咨询服务中的实践经验。加之作者在新加坡国立大学有多年工作经验，对华人社会有深刻理解，因此读者在阅读本书时基本不会感受到东西方文化带来的阅读障碍。

我毕业于华南理工大学计算机科学与工程专业，从事数字化工作 20 余年，曾在华为公司工作 11 年，为华为的核心客户提供 ICT 规划咨询服务，经常深入中国各类企业进行调研、开展咨询培训工作。之后，我在中山大学讲授"华为管理之道""管理者的数字化转型""AI 领导课"等高级管理者课程；2023 年和 2024 年连续两年获得中山大学"卓越教学奖"。在职业经历上，我与本书作者有一定的相似之处。因此，在翻译本书时，作者与企业领导者对话的场景让我感到格外亲切，相关内容翻译起来特别流畅。然而，由于个人水平的局限，这本广受赞誉的著作的某些精妙之处在被翻译成中文时难以完全达到"信、达、雅"的效果，希望业界前辈、同人和读者给予理解和指正，以便在加印时进行修正。

期待这本书能为您带来启发，祝您阅读愉快。

邓　斌

人工智能时代，领导力的新挑战

这里有一个真实的故事，我相信在许多公司都发生过类似事情。一家全球知名的制造业公司的领导者们了解到 AI 的商业应用前景之后，感到兴奋不已。他们认为，随着 AI 的部署，公司运营将变得更加高效，预测和决策将更迅速、更准确，成本效益也会更高。他们设想，AI 将帮助公司识别和招聘最优秀的人才，并为工作团队提供关于利益相关者需求的最新数据和见解，从而以提高生产力和创新力的方式提升整体运营效率。于是，公司领导者们拍板对 AI 部署进行了巨额投资（几百万美元级别），项目涵盖软件、数据存储基础设施、技术人才、产品经理、服务经理等方方面面。他们的兴奋源于对项目前景的乐观预期——重大的数字化转型成效近在眼前。

仅一年之后，他们就想放弃这个项目。公司董事会一些成员对 AI 投资能否达到预期效果表现出强烈的担忧。他们质疑：到目前为止，AI 究竟创造了什么价值？如果他们对 AI 继续追加巨额投资，AI 在未来是否真的可以创造价值？管理者与利益相关者在经过多次讨论并查看了过去一年的运行数据之后，不得不得出这样的结论：公司无法在扩大 AI 部署规模上追加投资。他们急于知道究竟是哪里出了问题，于是找上了我，希望我帮忙找出背后的原因。我进场后做了一个"诊断"，出乎大多数董事会成员意料的是，一个无法绕过的关键问题竟然是：**在这个 AI 变革项目中，企业领导者在哪里？**

这个问题的答案，既简单又令人费解。在这个 AI 变革项目中，我几乎没有看到企业领导者的身影，更谈不上他们发挥了什么积极作用。他们似乎对这个名为 AI 的"新员工"无感——当被问到 AI 对实现公司的目标有什么帮助以及怎么提供帮助时，这些领导者讲不出一二三。当公司需要就数据的可访问性以及更广泛层面的数据治理等问题进行集体决策时，领导者们很少表达自己的观点（更不用说主导整个对话了），而是让信息技术（IT）专家来自行决定。更关键的是，对于如何应对 AI 可能给员工就业带来的破坏性影响，他们也没有制定明确的指导方针。

由于企业领导层在变革项目中没有发挥应有的作用，这个项目并不具备一个成功的数字化转型项目所需的基本要素。这些基本要素包括授权和激励员工、提供指导，以及培育一种让员工从失败中学习的企业文化等。尽管员工们也知道 AI 变革项目是公司的优先事项，但他们对此毫无热情。个中原因显而易见——**企业领导者们没有激发员工对 AI 的任何热情。**企业领导者们既没有将 AI 项目与公司战略关联起来，也没有向员工展示 AI 将如何提升团队的工作能力。相反，他们置身事外，将 AI 部署的所有事项都委托给 IT 人员自行处理。大多数领导者从未使用过公司所部署的 AI 系统或工具，因此错失了向员工展示 AI 如何为工作赋能的大好机会。此外，由于公司没有向员工清晰传达 AI 变革的愿景，因此员工普遍对 AI 变革项目的最终目标以及 AI 将对他们的工作产生什么影响感到不确定。因此，员工们普遍对使用 AI 工具缺乏主动性，甚至竭力避免使用 AI 工具。这样一来，这个项目走向失败只是时间问题——大约一年后，这个 AI 变革项目的巨额投资打水漂了，该项目在这个企业内部没有产生任何价值。

复盘这个案例可以发现，无论从哪个层面来看，这家公司的领导者们都没有做到 AI 时代成功的领导者应该做到的事情。他们缺乏正确的心态，也缺乏希望成为推动 AI 部署成功的榜样的强烈驱动力。而且，最令人震惊的是，他们既没有为这次变革做好准备，也没有接受过相关的专业培训。他们竟然错误地认为，让了解 AI 技术的 IT 人员牵头来主导变革就行。

我的疑问是，如果企业领导者自身不是 AI 专家，他们又怎么能从这些 AI 新工具中获得价值呢？如果他们不亲自参与这一场 AI 变革，他们又怎么知道该如何做变革规划呢？如果他们不知道如何做变革规划，又怎么可能采取符合企业实际的变革行动呢？罗斯与罗斯国际公司（Ross & Ross International）联合创始人兼 CEO 巴里·罗斯（Barry Ross）说得很好：**"你不能将公司的数字化转型委托给他人。你和你的高级管理者必须亲自参与！他们需要接受并应用最新的数字技术和新兴的工作方式。"** [1]

我为何写这本书

作为一名领导力和变革管理领域的学者，我很想知道前文案例所谈到的与领导力相关的失败经历为何在一个又一个数字化转型项目中不断重演——在曾经火爆的大数据应用浪潮中，也重复出现过类似的失败经历。于是，我开始阅读、调研，并与来自世界各地不同组织中的人们进行深入探讨。

我通过调研得出了两个明确的结论。

第一，这一波 AI 浪潮，与以往人们所谈的数字化转型有着本质区别。AI 技术的独特性以及 AI 有望带来的影响，将比以往的数字化转型所带来的影响更加深远——当然，有可能是好的影响，也可能是坏的影响。无论是给劳动力就业机会带来的巨大威胁，还是对生产力和生产效率的显著提升，甚至是完全不用人类员工介入也能输出与人类员工的工作非常相似的成果，AI 给人的体验与以往其他技术都很不一样。AI 发展非常快，我想你对这一点应该很清楚。因此，你对 AI 技术的担忧，可能比对之前的其他技术要多得多。

第二，有些事情不对劲。尽管包括我自己在内的学者们十分看好 AI 的前景，但在各类组织中使用或推广 AI 的失败率却高得惊人。AI 领域的投融资将持续增长，人们都希望将自己的公司成功转变为 AI 驱动的公司，给公司带来革命性的改变。然而，与我交谈、合作过的许多公司或机构虽然都在 AI 上投入了大量资金，却未能获得与投资相匹配的价值。全球知名 IT

咨询公司 IDC 在 2020 年曾预测，2023 年全球范围的数字化转型投资将高达 6.8 万亿美元[①]，然而迄今为止，这些投资项目中有 87% 的项目未能达到其既定目标。[2]

作为这些领域的咨询顾问和教授，我参与并观察了许多此类失败项目。为了验证数据是否与我所看到的情况相符，我曾经在新加坡做了一项调查——根据 2022 年瑞士洛桑国际管理发展学院（IMD）世界数字竞争力排名，新加坡在数字竞争力方面名列全球第四（前五名分别是丹麦、美国、瑞典、新加坡、瑞士）。[3] 然而，当被问及是否认为自己的组织有效地使用了其部署的 AI 系统时，超过 2/3（68%）的新加坡受访者表示"没有"。

虽然调查对象没有解释 AI 系统部署失败的具体原因，但根据我与他们的谈话可知，他们认为这一定是 AI 自身的问题。他们认为 AI 技术的缺陷导致 AI 无法在他们的工作场景中被成功应用。他们甚至认为 AI 不适合那些仍由人类行为主导的组织。在实验室里行得通的东西（如 AI 技术），在现实中不一定行得通。他们的观点是，也许在 AI 技术变得更成熟的时候，AI 部署才会成功。

然而，我认为新加坡的受访者给出的这种解释是不准确的，因为**我发现导致 AI 部署失败的真正原因在于，在 AI 驱动的组织转型过程中，领导者并没有发挥应有的领导作用。**

---

① 2024 年 11 月，IDC 发布数据称，2023 年全球数字化转型投资规模超过 2.1 万亿美元。——编者注

需要澄清的一点是，我并不是说领导者故意置身事外，也不是说当 AI 部署出现问题时，领导者要承担所有责任。现实情况比把责任简单地归咎于领导者更复杂。

AI 给这个世界带来了一种真正的紧张感。正在阅读本书的你，可能也已经感受到了。一方面，关于 AI 的强大、投资 AI 将带来指数级回报的媒体论调，鼓动企业领导者立即采取行动；另一方面，大多数人并不了解什么是 AI。当你深入其中，你会发现 AI（及其相关技术）非常复杂。如果你不了解它，你就很难知道如何才能"立即采取行动"。

正是由于以上矛盾带来的紧张感，在企业拥抱 AI 之时才诞生了一堆犹犹豫豫的领导者。他们之所以启动一个 AI 变革项目，是因为他们看到和听到的关于 AI 的一切都让他们不由自主地产生了一种紧迫感，但随后他们又将 AI 变革项目甩手给 IT 专家来牵头，因为领导者实在不太了解 AI——这个被媒体吹捧为"未来技术"的东西。

毫无疑问，这种先紧后松、当甩手掌柜的做法是错误的！我写这本书就是为了纠正这个错误。我希望能够扭转这种不好的倾向——这种倾向，我在咨询工作中观察到过，我查阅到的数据也呈现过，甚至很多企业的领导者也向我反馈过。我希望把领导者重新拉回 AI 的话题讨论中，并希望提醒你或你的领导者：**在部署 AI 时，掌握一定的 AI 技术是绝对必要的，它有切实的价值，会让你和你的组织少走很多弯路。**

AI 真是时代必答题吗

从象征意义上讲，拥抱 AI 是当今企业发展的必然选择，原因有三点。

首先，AI 无疑是应对动荡的、复杂的、模糊的世界的绝佳工具。一家企业能够从日益增长的海量数据中学习并采取行动，对于企业赢得未来市场至关重要，而处理海量数据正是 AI 的强项。

其次，AI 有助于提升组织的创新潜力，进而提高公司的竞争力水平。公司通过使用 AI，可以让员工更高效地工作，更好地与团队其他成员交流，从而提升员工生产力；[4] 而生产力的提升，反过来会让员工有更多时间和空间来发挥创造力，尝试新想法，从而推动公司业务创新。这种将 AI 用于提升工作能力的做法，将提高公司的竞争力水平并带来前所未有的经济效益。据普华永道预测，到 2030 年，AI 将为全世界创造超过 16 万亿美元的经济贡献。[5]

最后，基于 AI 创造经济效应的方式也将变得越来越便捷。部署 AI 的成本从未如此低廉（尽管当前企业正确使用 AI 的各种隐性成本仍然很高）。为 AI 系统提供驱动力的底层机器学习和深度学习技术通常是开源的，而用于存储和处理数据的云服务也变得越来越普遍，价格也越来越低廉。[6] 因此，在这样的时代背景下，面对高达 16 万亿美元规模的庞大市场，企业再也没有理由不积极参与其中，争取分得一杯羹。

以上三个原因展现的是 AI 的优势，我们再看一下 AI 的局限性。

从字面意义上讲，AI 毕竟不是人类大脑，它只是模仿人类进行感知、决策、执行的人工程序或系统，还不具备达到人类水平的综合智力。企业领导者需要清楚地认识到这一点。今天，我们似乎正处于一轮和 AI 相关的炒作周期之中，很多炒作信息其实并不符合 AI 的现实情况，我个人认为是很多企业领导者没有了解 AI 的这个局限性（即，**人工智能≠人类智能**）。这些炒作信息让人们过于乐观地看待 AI 的能力，以至于许多人认为 AI 的智力水平已经与人类的不相上下。他们认为，AI 完美复制人类大脑只是时间问题，而当那一天到来时，成本高、效率低的员工就可以被成本相对低、能够自我学习的 AI 取代。

然而，这种想法过于乐观且不切实际，甚至可能还带有较大的危险性。脑科学家们也认为，我们对人类大脑（拥有约 860 亿个相互作用的神经元）的了解，只能说是非常粗浅和片面的。[7] 在对人类大脑的了解如此不充分的情况下，我们真的无法严肃地说 AI 已经完全达到了人类的智力水平。实际上，我们只是将一种狭义的计算智能带到了人们的面前。AI 可以作为人类智慧的补充，但不能取而代之。**我甚至认为，对机器和人类进行智力维度的比较，都不太合适。**这就好比把苹果和橙子放在一起比较，二者不是同一个物种，无法比较。

尽管如此，有些人还是认为这才是 AI 技术演进的终极目标：让 AI 越来越像人类大脑。作为企业领导者，你需要有自己的独立判断。在将 AI 引入企业时，你更赞同下面两种观点中的哪一种？

- **第 1 种观点**：AI 是一种越来越廉价的技术，可以取代人类，达到新的生产力水平和效率水平。[①]

- **第 2 种观点：** AI 是一种强大的工具，可以增强而非取代人类智力，它可以激发员工的创造力，使员工产出更多创新成果。[②]

如果你赞同第 1 种观点，那么就等于承认，当今组织的首要任务是使用 AI 来充分利用数据，并最终将认知、决策、行动委派给 AI 全权代理。有些人可能会认为这是一个很有吸引力的选择：AI 将发挥主导作用，为人类提供指导，而且 AI 工作成本比人类员工更低（讽刺的是，随着时间的推移，持这种想法的企业领导者会逐渐把领导权拱手相让给 AI，届时，他自己也将变得多余）。

如果你赞同第 2 种观点，那么表示你越过简单的成本效益分析，接受了这样的事实：正如脑科学研究结果所示，当 AI 在做我们期望人类员工所做的事情时，其表现出来的能力其实是很有限的。基于这种观点，对人类能力提升做投资依然是组织的首要任务，领导者将不得不主动推动 AI 部署项目，以借助 AI 完成这一任务。该任务的核心关注点不在于降低成本，而在于在人力资源方面继续进行大量投资——即便部署 AI，也是按"以人为本"的方式开展的。这也清楚地表明，企业要成功地部署 AI，不仅需要先进的技术、技术娴熟的 AI 专家，还需要企业领导者的深度参与。

---

① 在业界也被称为智能体模式（Agents 模式），即在人机协作过程中，AI 完成绝大部分工作，AI 自主结束工作。——译者注

② 在业界也被称为嵌套模式（Embedding 模式），即在人机协作过程中，人类完成绝大部分工作，人类自主结束工作。——译者注

　　然而，**今天全世界绝大多数 AI 变革项目都建立在第 1 种观点之上。**企业看重经济效益，希望全方位优化企业运作"机器"的效率和绩效。令人担忧的是，这种观点推动了一种让人震惊的价值观——AI 的"思考"方式，将与人类的思考方式一样有价值，甚至更有价值。在这种价值观的驱动下，人们优先考虑机器式思维，而非继续发展人类思维。这样一来，人类员工就会沦为完成任务的"工具人"——工作的动机只是提高工作效率。

　　我把这种现象称为**技术驱动技术型变革**（tech-driving-tech transformations）。而且毫无疑问，此类变革正在我们周遭持续发生。人们正在高度重视发展 AI 的计算能力，而非提升人类的理解能力。人们正在让 AI 发挥主导作用。例如，一家开发多人在线游戏的中国公司在布局"元宇宙"（Metaverse）的过程中，竟然任命了一个名叫"唐钰"的数字人担任公司的轮值 CEO。该公司的新闻稿称："唐钰的就任，是公司全面推行'AI+ 管理'战略以及构建元宇宙组织的重要里程碑。唐钰将帮助公司精简工作流程，并提高工作任务质量和执行效率。作为实时大数据中心和分析系统，她将支持日常运营中的合理决策，同时实现更有效的风险管理。此外，唐钰在人才发展和保障员工享有公平、高效的工作环境方面也将发挥重要作用。"[8]

　　以上例子，与当今商业世界正在形成的信念不谋而合，即领导者应该思考如何飞快、准确地读取数据，摒弃敏捷式、启发式但带有偏见且"次优"的人类思维方式。这种信念，不仅在我深入调研的那些正在启动 AI 变革项目的公司里可以观察到，在我的商学院课堂上也经常听到。当我为企业高级管理者讲授高级领导力课程时，越来越多的学员跑过来问我："但是，教授，在当今数字优先的背景下，我们为什么还要学习人际交往技能呢？我感觉这些技能对于我以后的职业生涯没什么帮助。我是不是更应该学习如何成为一名程序员，像 AI 专家那样思考问题呢？后者的思维方式或许更能帮助我实现卓越领导抱负？"诸如此类的问题，反映了这样一种观念：今天的领导力教育，应该围绕掌握与 AI 共生的工作范式来开展，着力使企业高级管理者拥有匹配该范式的能力和思维方式。

我们比以往任何时候都更需要"人类领导力"

尽管上述情况在我们身边出现得越来越多，但我认为第 1 种观点背后的思维模式并不具有可行性，这也是许多企业部署 AI 遭遇失败的关键原因之一。今天，我们比以往任何时候都更需要"人类领导力"。**那些真正深谙 AI 的领导者，几乎无一例外持有前文提到的第 2 种观点——AI 技术可以成为人类员工的合作伙伴，他们已经在组织内成功推进"人机共生"的转型范式。**要做到这一点，你不需要成为一名程序员，也不需要向一台性能卓越的计算机询问你所遇问题的最好答案，然后盲目地遵循这个答案去行动。要做到这一点，法宝依然是你已经掌握的所有核心领导力技能——沟通、情商、愿景、使命等，用于应对这一新挑战。

现在，是时候让企业领导者审视自身、抛弃疑虑并提升领导能力以应对这一新挑战了。不要再怀疑，随着 AI 时代的到来，你是否必须抛弃所有关于领导力的格言来重塑领导角色？你真的不需要这样做！事实上，随着 AI 日益成为组织运作的一部分，我们比以往任何时候都更需要领导者在人际交往、激励、商业洞察等方面具备卓越的能力，也就是前文提到的第 2 种观点的相关技能。**今天的商业核心逻辑应该是，经典的商业领导力是成功部署 AI 的先决条件，而不是障碍。** 如果你能接受这一观点，那么你的组织可能就不会成为众多未能通过 AI 创造价值的组织之一。

在推进组织的数字化转型时，第一步显然是，你要对自己的领导力技能及其价值充满信心，不要让 AI 代替你思考，或将领导权委托给 IT 专家。这一步至关重要。作为一个企业的领导者，你应当理解美国行为主义学家斯金纳（Skinner）所指出的问题：**"真正的问题不在于机器是否会思考，而在于人类是否会思考。"**[9] 当今新兴的"技术驱动技术型变革"潮流，有可能削弱领导者和员工的思考能力。正如斯金纳所担心的那样，随着越来越多的决策工作被委派给 AI 系统，领导者和员工将不再发展他们的分析和批判能力，甚至可能丧失这些能力，在这种情况下，决策的好坏将仅仅取决于算法的智能程度。然而，与人类智能在决策过程中表现出的多维性相比，算法的智能程度在许多领域充其量是中等水平（前文讲过，脑科学家们认为我们对人类大脑的了解程度仅处于很粗浅的水平，那么 AI 也就难以超越人类大脑的智能水平）。

要成为一位深谙 AI 的领导者，关键在于创造合适的条件，使员工与 AI 的协作行之有效，并在这个过程中始终坚持"以人为本"，即人类为主，AI 为辅。

成为深谙 AI 的领导者：9 项关键行动

本书聚焦于：要想在企业成功部署 AI，企业领导者应该承担什么样的责任。我将深入探讨企业数智化转型的 9 项关键行动，为每一项行动都安排一章篇幅的内容来介绍。通过各章章名，你可能会发现，每一项行动都像你已经在开展的核心领导力活动，你甚至可能会对自己的领导技能感到满意。这种联系并非巧合：在企业成功推进 AI 部署的秘诀中，下定决心拥抱 AI 是先决条件，除此之外就是实践你在其他地方也会应用的所有重要领导技能。只是在这里，我们将深入探讨如何将这些通用领导技能具体应用于 AI 环境中。

本书的 9 章内容各自独立成篇，因此你不必按顺序来阅读这本书，你可以直接跳到你认为自己最需要、最感兴趣的章节。当然，如果你能从头到尾阅读完这本书，你将取得最大的收获，因为这些领导力关键行动是相互交织、相辅相成的。

书中的每一条经验教训都将向你展示在推进 AI 变革时所需的心态和行动，旨在培养前文提到的"第 2 种观点"的思维方式——这种思维方式将大大提升在你的公司部署 AI 的成功概率。有些章节还详细解释了如何反驳"第 1 种观点"，即认为公司只需购买最先进的 AI 技术或系统，领导者将剩下的工作授权给 AI 技术专家自行思考和部署。你真的不能这么干！企业是一个复杂的实体，要想成功部署 AI，就需要领导者了解人性，知道如何激励员工；而员工需要以符合公司宗旨和价值观的方式来工作，同时需要应对当前 AI 所带来的特定新需求、新挑战。

即便是 ChatGPT（美国 OpenAI 公司创建的大语言模型），也会同意我的上述观点。我问了 ChatGPT-3.5 一个问题："当组织在部署 AI 时，需要什么样的领导力？"以下是 ChatGPT 的答案。

> 组织部署 AI，需要一种特定的领导力，能够驾驭实施先进技术所带来的复杂局面和挑战。以下是有效的领导者在指导组织部署 AI 时应具备的一些关键特质及实施策略：远见卓识的领导力、适应能力、道德考量、协作精神、风险管理、长期规划、沟通技巧、情商、资源管理、持续评估和改进。通过应用这些关键特质和实施相应策略，领导者可以有效地指导组织完成部署 AI 的复杂过程，确保 AI 顺利且合乎道德地融入组织框架。[10]

综上所述，是时候行动起来拥抱 AI 时代了！领导者们，不要再观望了！不要再说等一等了，AI 已经在敲门！你现在要做的是，搞清楚领导者在这一轮划时代的 AI 变革中应该做些什么，以便把握"天时、地利、人和"来部署 AI，助力组织实现战略目标。本书，恰恰是为解决你所关心的这个关键问题而写的。

让我们开始吧！

目录

学习

领导者不学习 AI，企业就用不好 AI

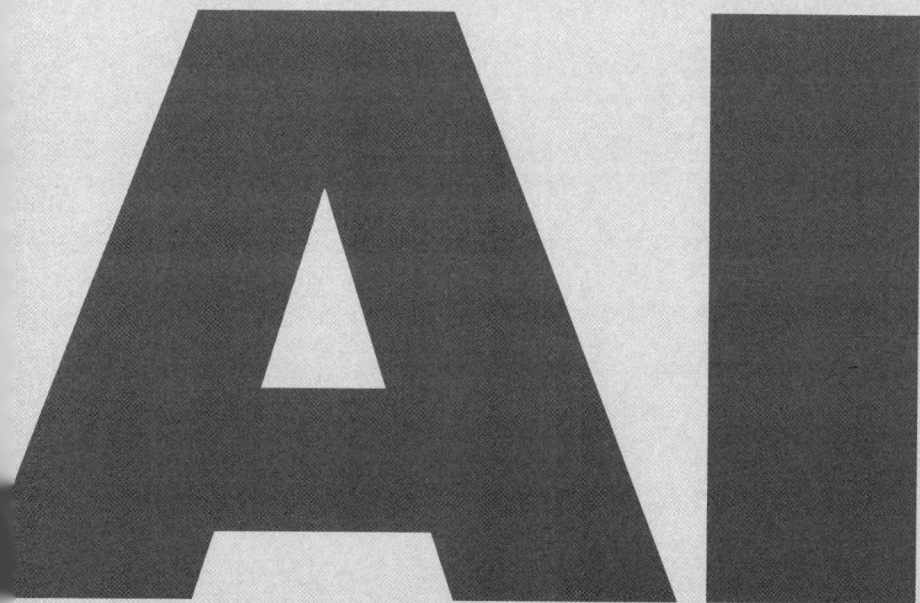

AI

AI 一天，人间一年。

AI 技术的发展和变化是如此之快，以至于大多数企业在接触 AI 时，会感到自己太落后了。同时，AI 的部署正在各类企业中加速向前迈进。这种快速前进的步伐使企业领导者陷入尴尬的境地，他们在学着适应的同时，对自己需要适应的究竟是什么感到困惑。[1] 随着"理解 AI"和"应用 AI"之间差距的不断扩大，企业领导者对自己在部署 AI 时应扮演的角色也越来越不确定。这种差距也影响了员工对领导者的期望。不少员工期望他们的领导者能够主动使用和管理 AI，以提高自己的工作效率。

洞察力源自知识的积累。如果说企业领导者的首要任务是授权员工利用其能力为公司创造竞争优势，那么**在 AI 时代，企业领导者的首要任务就是缩小二者的差距——对 AI 的狭隘理解与 AI 日益广泛的应用之间的差距。**

企业领导者经常向我提出这样一个问题：AI 的发展可谓瞬息万变，他们如何缩小理解与应用 AI 之间的差距，才能推动公司成为 AI 驱动型企业，让新技术成为公司的宝贵资产？在这种情况下，企业领导者往往对自己的业务专长在新技术场景中的应用价值没有信心。其实，他们真正在问的是这个问题：他们只是业务专家，而不是 AI 专家，又怎么能对 AI 的部署发表深刻的见解，或在 AI 应用方面采取具有深远意义的行动呢？尤其是当企业领导者开始了解一项新技术，而这项新技术又突显了他们自身技术知识的匮乏时，这种自我怀疑就更加强烈了。这种感觉的出现，使得他们无法积极领导所在企业开启 AI 变革之旅。要破解这个难题，**企业领导者必须更加坚信，企业领导者的业务专业知识，正是企业成功部署 AI 不可或缺的关键要素。**

那么，我们如何才能提高企业领导者的信心水平，使他们意识到自己的业务专业知识在指导 AI 驱动的变革中能够发挥真正的价值？我在这里想向那些缺乏信心的企业领导者提一个听起来激进但实际上并不激进的建议：**企业领导者不必成为 AI 专家！**[2] 相反，他们需要深刻理解这句话：**对待技术，企业领导者要侧重了解技术的主要原理和作用，而不用精通技术细节。**企业领导者对"技术横向面"的广泛理解，比他们对某项技术的精通重要得多。面对 AI 技术，当我们说企业领导者需要足够了解 AI 时，也并非要求他们对 AI 技术细节的了解达到精通的程度，而是要求他们认识到 AI 究竟为所在组织和利益相关者带来了什么价值，AI 将以什么样的方式、在什么样的场景下实现这种价值。你看，只需要这种基础水平的了解，就足以使企业领导者缩小前文提到的那一组差距——"对 AI 的狭隘理解与 AI 日益广泛的应用之间的差距"。如果从这个视角切入，你对 AI 的认知就会越来越深刻；随着你的认知越来越深刻，你一定能为 AI 技术找到若干个强有力的商业落地场景。

然而，真正的 AI 变革之旅，并不止步于在商业场景中简单地部署 AI。

一旦企业决定部署 AI，领导者还需要授权和推动员工与 AI 开展有机协作，以提升员工的工作绩效并为组织创造新价值。为了实现这些目标，领导者需要找到将 AI 融入团队工作流程的机会，并预测这种融入将为企业的不同团队、组织内正在进行的项目带来哪些潜在收益。这意味着，领导者的知识面也需要不断扩展，领导者要不断了解 AI 领域正在发生的变化，以及这些变化将如何影响企业的商业实践。也就是说，**除了掌握 AI 当前的相关知识，领导者还必须将"学习"作为其持续引领 AI 变革的常态，这样才能始终保持对 AI 最新知识的精准把握。**

对企业领导者来说，掌握 AI 知识并终身学习 AI，似乎是一项艰巨的任务。毕竟，正如美国天文学家卡尔·萨根（Carl Sagan）所说："我们创造了一种文明，其中大多数关键要素都深深地依赖于科学技术，然而……几乎没有人真正了解科学技术。"[3] 因此，我们在第 1 章中具体探讨一下：企业领导者对 AI 掌握到什么程度才算到位；以及他们如何进行终身学习，才能在推动企业部署 AI 的过程中始终保持足够的领导力和知识储备。

领导者对 AI 掌握到什么程度才算到位

在我的高级领导力课程中，企业高级管理者们普遍在 AI 应用方面感到巨大的压力，我甚至听到他们中的一些人公开质疑自己的能力：他们是否需要将自己改造为专业程序员，才能在组织拥抱 AI 变革的过程中，成为卓有成效的领导者？请放心，编程领域的专业知识，并不是企业领导者所需掌握的 AI 相关知识。企业领导者需要的只是对 AI 的基本了解。为了做到这一点，他们应该了解以下两个层面的问题。

1. AI 是什么，AI 不是什么？

2. 什么类型的 AI 适合我们的业务环境，为什么？

AI 是什么，AI 不是什么

从基本定义来看，AI 系统是具有自我学习能力的计算系统。换句话说，AI 可以从"大型数据集"中学习，并进行模式识别和问题解决。因此，AI 具有分析大型、复杂数据集以揭示潜在趋势的能力，还可以根据这些潜在趋势向人类提出相应建议。正是这种自我学习能力使企业领导者相信：AI 将有助于提高组织的效率。[4]AI 系统有可能帮助组织以更有序的方式运作，从而促进整体生产力的提升。AI 系统在各种组织中的不同应用，向我们展示了它的这种能力。例如，AI 系统可以帮助企业筛选求职者的简历、评估员工绩效、优化工作任务分配、管理产品库存，以及自动完成重复性任务，让员工能够腾出时间来探索新想法、促进创新，而不是被按在工厂的生产线上枯燥地数机器的各种零部件。[5]

AI 的自我学习能力——应用算法去处理新数据，并根据新数据实时改变自身计算方式——使许多人将其与人类智力相提并论。[6]由于缺乏对 AI

的真正了解，企业领导者往往会认为这种自我学习能力意味着 AI 可以做人类能做的所有事情，而且速度更快。遗憾的是，这种想法是错误的。今天，太多的企业领导者隐秘地假设：AI 可以思考，因此几乎可以在任何岗位（包括脑力工作者的岗位）上取代人类。他们将 AI 视为智能、高效、组织有序和纪律严明的高素质新员工，而且比人类员工更能干。[7]假如他们的假设在未来成真了，他们不禁要问：为什么还要在人类员工身上投资呢？

这种将人工智能和人类智能相提并论的假设，是个严重的错误。而且，这种错误的假设如果没被认识到，将导致企业领导者很容易做出破坏和威胁其组织正常运作的错误决策。那些认为 AI 优于人类员工的想法，最终可能导致一个组织丧失人类独有的能力，比如创造力和情商。

首先看看创造力方面。随着 ChatGPT 等大语言模型的快速发展和应用，人们对 AI 的恐惧程度呈指数级增加。这类自然语言处理工具由 AI 驱动，可以让你与机器进行类似人与人之间的对话。为了响应你所输入的提示词，ChatGPT 使用一套算法来分析大型数据集，并以文本、图像和音视频等形式生成新内容反馈给你。这些新技术能够通过美国律师资格考试和高级生物学考试等高级考试——在 2022 年 11 月 ChatGPT 公开发布之前，人们还普遍认为这些考试 AI 是不可能通过的。[8]更令人震惊的是，AI 可以生成大量新想法。正是因为 AI 具有这种能力，所以企业领导者更有理由相信：AI 现在真的有思想了！如果 AI 能够成为一个有创造力的思想者，那么当然可以把创造性工作交给它去完成。但是，如果企业领导者决定将创造性工作委派给 AI 而不是人类员工，那么这一决策将严重损害整个组织的利益（详见第 8 章）。

实际上，AI 仍然无法像人类一样思考，ChatGPT 也没有具备真正的创造力。首先，这款自然语言处理工具不会产生新颖的想法，它所表现出的唯一新颖之处在于，它以类似人类思维的方式来组织和组合现有想法。但这些想法本身必须已经存在于数据集里，ChatGPT 才能生成它们。因此，**AI 在创造力方面比人类做得更好的，就是更快地提出现有想法的新组合。**

但是，创造力不只是组合进而产生新颖的想法，它还涉及评估新产生的想法是否有意义，以及这个想法究竟能够解决人类关心的什么问题。[①] 很显然，包括 ChatGPT 在内的 AI 系统不具备这种能力，它无法理解人类认为哪些问题是重要的，哪些问题是亟待解决的，而哪些问题其实是不重要、不紧急的。因此，尽管 ChatGPT 是快速组合生成新想法的高手，但它无法判断这些想法在实际工作中可以解决哪些有用的问题（用学术术语来说，它缺乏反向因果推理的能力）。企业领导者需要意识到这一现实，并认识到拥有 ChatGPT 并不意味着我们不再需要进行任何思考。为了避免陷入这一思维陷阱，一位深谙 AI 的领导者还应该了解 AI 的局限性。

那么，AI 的局限性包括什么呢？

首先，**即使是最先进的 AI，也无法像人类一样从学习中推断"意义"（meaning）。** 它们不能进行意义层面的类比，也无法欣赏文化和语境的细微差别。[9] 人类可以从商业对话中体会出"话中有话"的更深层次意义以及"只可意会不可言传"的微妙差异，而 AI 无法做到这一点。在某些商业谈

---

① 中国 AI 界有一句流行语："AI 擅长计算而不擅长算计。"计算侧重于字符统计概率和相关关系研究，而算计则是思考这种关系对人类的意义。作者在此处表达了类似的观点。——译者注

判中，对方说出的话往往与他要表达的意思是相反的。例如，"你提供的这个报价是认真的吗？"这句话将被 AI 视为"对方只是想确认我方所提供的报价"这一简单问题，而大多数商业人士会很快觉察到对方其实是对我方提供的报价不满意。因此，**AI 无法真正取代拥有直觉、判断和决策能力的人类，而这些能力在复杂和模糊的商业环境中至关重要。**[10]

其次，**AI 无法进行"道德推理"（moral reasoning）**：它们不能推断出人们真正关心的问题是什么，以及所关心的问题为什么在某些情况下更重要，而在另一些情况下则没那么重要。[11]它们无法与做决策的人产生情感共鸣。例如，作为领导者，你可能会对一位员工因家中一位老人突发心脏病而迟到表示同情；但 AI 不会，AI 只会坚持该员工迟到的事实，而不会对员工家中的不幸遭遇抱有任何同情心。在任何给定的情境中，AI 都无法以符合道德伦理、尊重他人和为社会所接受的方式来处理问题。

最后，**大多数现代 AI 都充斥着偏见和歧视的算法。**有关 AI 偏见的报道如今越来越常见，例如，歧视非洲裔美国人的预测性警务算法和歧视女性的简历筛选算法。我们再也不能假设 AI 是完美、理性且无偏见的决策者了。

因此，企业领导者需要明白，AI 系统可以分析人类无法处理的大型复杂数据集，并从中推导出极具洞见的结论。同时，领导者还必须明白，AI 系统无法做出直觉判断，无法真正理解道德心理和文化差异，也无法在决策中完全消除偏见和歧视。如果企业领导者能看到 AI 的正反两面，这将有助于他们在组织中用好 AI。虽然 AI 可以做很多事情，例如提升员工工作效率和改善组织的整体运作效能，但它不能完全取代人类。而且，重要的是，卓有成效的领导者要明白，AI 不能代替我们人类思考。这就是在 AI 时代我们依然需要企业领导者的原因！

什么类型的 AI 适合我们的业务环境，为什么

　　企业领导者希望 AI 能够以准确、透明和可解释性强的方式分析数据，而且效果优于任何人类数据分析师，还希望 AI 利用获得的数据进行更准确的预测，做出更高质量的决策，并更高效地解决问题。如果企业领导者能够根据正确的数据做出更准确的预测，这将有助于他们优化决策方式，让企业的利益相关者认为这些方式是合适的、有吸引力的且有价值的。而更高质量的决策有助于企业建立稳定的、不断增长的客户群，从而帮助企业从众多同行中脱颖而出。**为达到这一目的，最适合企业的 AI 类型通常基于机器学习（ML）技术。**这是一种先进的技术，它通过在庞大的数据集里不断进行训练和验证，来识别和学习其中的模式。一个 AI 进行机器学习的简单且经典的例子是癌症诊断：AI 能够在医学图像上找出人类医生难以发现的问题点，协助医生更好地开展诊断和预警工作，因此，使用 AI 的医院往往也可以获得更多病人的信赖。

　　企业必须意识到不同利益相关者有不同的利益诉求（详见第 6 章）。在部署 AI 时，某些利益相关者可能会受到影响，企业领导者需要注意把负面影响降到最低。因此，**在部署 AI 时，最安全的选择是：选用仍由人类控制**

的 AI 系统。 人们必须积极参与底层预测模型的训练和开发，了解和评估这些模型的输出结果——至关重要的是，在输出结果存在偏见、生成不可接受的决策或其他次优结果时，企业领导者应果断放弃使用这些模型。例如，企业领导者首先应明确使用 AI 会如何影响企业未来的业务运作方式。这些领导者还应该与企业中所有使用 AI 的人约定一套安全使用 AI 的公约。这套公约应明确规定，每个人都需要报告 AI 的部署是否对公司的利益相关者公平公正，是否完全符合法律法规。

　　需要企业领导者注意的是，并非所有 AI 系统都能达到上述的"人类可控"要求。有一些 AI 系统，尤其是那些基于无监督技术的 AI 系统（即允许 AI 模型在几乎没有人工干预的情况下从数据中挖掘见解），则非常不适合在商业环境中使用。而且，很多企业似乎也认识到"人类可控"的重要性。欧莱礼出版公司（O'Reilly Media）2021 年的一项调查显示，约 82% 的企业表示，它们更倾向于使用那些在训练和使用过程中允许更多人为干预的机器学习模型。[12]

　　如今有很多现代的机器学习模型允许人类进行干预，而且通常不会在质量和性能上做出太大的让步。例如，有监督的机器学习模型使用大量由人类标记的输入数据进行训练，这些模型能根据人类标记者的见解进行推断，因此，推断的结果相对可控。还有一种技术是"基于人类反馈的强化学习"（RLHF），它通过人类反馈来设置训练目标，并在模型输出偏离这些目标时对其进行修正。一个著名的 RLHF 技术应用例子就是 ChatGPT，它会询问你是否对生成的内容满意，以及你是否需要重新生成新的内容。在人类与模型对话过程中，人类的反馈将帮助大语言模型进行微调，使其能够更好地学习模式检测和内容生成。

最近，随着人们对 AI 的"可解释性"（explainability）和"可理解性"（interpretability）的高度重视，关于 AI 模型如何得出结果的过程也逐步透明。[13] 越来越多的人认为：**人类对 AI 的可控，是组织愿意部署 AI 协助领导者决策的关键。**因此，人们正在付出巨大的技术努力，以扩大我们对 AI 系统的控制范围，提升控制的有效性。作为一位深谙 AI 的领导者，你需要跟上这些发展趋势。

请看一个例子。假设你的企业正在开发一个用来筛选潜在求职者简历的 AI 模型，如果你会记录哪些求职者成功拿到录用通知（offer），哪些求职者未能成功入职，而且你保留了他们的简历，那就太好了！现在你可以使用有监督的机器学习技术了。一旦 AI 模型根据历史记录中的简历进行了训练，它就可以识别出贵公司认为有价值的简历是什么样子的。当它看到新求职者投递的简历时，就可以预测这位求职者是否有可能被录用。现在，假设你应用前沿的可解释性技术来剖析这个 AI 模型到底是怎么工作的。令你震惊的是，你会发现这个 AI 模型已经学会了分析性别与求职成功之间的高度相关性——因为贵公司以前成功聘用的大多数求职者是男性，所以该模型更有可能将男性求职者标记为"可雇用"，而不是将符合同样能力条件的女性求职者标记为"可雇用"。

上面这个例子，可不是我瞎编的。2018 年，美国科技巨头亚马逊就有过这样的经历。该公司在停用其有偏见的简历筛选算法之前，已经遭受了相当大的声誉损害。至关重要的是，在 AI 模型的训练和使用中，人们有两次人工干预的机会：一次是当人们选择和标记 AI 模型训练所依据的数据时，另一次是当他们应用可解释性技术来剖析 AI 模型的内部运作逻辑时。作为一位深谙 AI 的领导者，你必须了解：在企业部署 AI 时，能够对 AI 模型进行人工干预的点在哪里。你需要积极主动、有策略地使用这些干预点，以确保 AI 模型以安全和负责任的方式运行。

最后，如果你觉得这些有监督的机器学习模型听起来像是换了个花哨名字的统计建模，那么你的直觉是对的。在许多方面，机器学习技术只是一种非常好的计算方法，它比人类的计算速度更快，能够处理更多的数据。事实上，机器学习技术在构建数据集预测模型时，主要依赖回归分析，并致力于通过最小化误差来提高预测的准确性。因此，掌握一些常见的统计方法（如回归法）和熟悉一些统计编程语言（如 R 语言），对你肯定有好处。需要注意的是，掌握这些统计方法和编程语言并不等同于成为程序员。你完全不需要成为程序员！掌握这些统计方法和统计编程语言，能在很大程度上促进你与数据科学家及数据分析专家之间的有效沟通，仅此而已。作为一位深谙 AI 的领导者，你应掌握一定的统计学和建模基础知识，这将使你能够自信地与公司中的技术专家们进行深入交流。然而，你并不需要达到能够亲自开发和测试 AI 模型的程度。

洞察 AI 的本质和局限性

洞察 AI 的本质及其局限性，对于理解 AI 在企业中的潜在应用至关重要。这将帮助你适应这一崭新的工作环境，并为 AI 的部署制定出切实可行的商业策略。然而，将 AI 整合到组织中并非仅是制订商业计划。许多企业领导者在掌握了 AI 技术的相关知识并完成了商业计划的制订工作后，便误以为自己的任务已经完成，后续的实施工作可以完全交给 IT 专家。这种观念忽略了在 AI 集成业务流程中领导者持续参与的重要性，以及在不断变化的技术环境中保持灵活性和适应性的必要性。

因此，我经常听到有人说"这些商业计划没有在公司落地，AI 并没有很好地提升组织的整体绩效"，就不足为奇了。对大多数公司来说，在全公司范围内推广使用 AI 是一个大难题。作为领导者，一旦公司决定部署 AI，你还需要确保以正确的方式使用这项技术，从而使员工的工作更轻松，并提升组织的整体绩效。

领导者的任务就是创造工作条件，让员工对 AI 如何帮助他们更好地工作充满好奇心，从而愿意尝试新技术，并基于组织的目标和价值观来使用这些技术。你可以通过展示你自己使用公司所部署的 AI 来营造一种积极拥抱创新的氛围。行胜于言，这种做法尤为重要。我见到许多企业领导者都存在一个问题：他们希望你听他们说了什么（例如，"大家需要在日常工作中使用 AI"），但不想让你看他们究竟做了什么（例如，他们作为领导者，自己并没有在实际行动中用 AI 取代旧的工作方法）。

　　企业领导者未能以身作则的一个典型例子来自一家制造公司。这家公司邀请我去他们公司讨论如何让 AI 驱动成为组织的基因（DNA）。在部署 AI 的初期，员工对使用 AI 表现出强烈的动力和好奇心。其中有一些人甚至开始使用基于云的平台，AI 可以通过该平台有效促进团队之间的交流。然而，随着时间的推移，公司投入巨资建设的这一平台的使用率却持续大幅下滑，员工们纷纷回到了他们自己原有的沟通渠道，因为他们看到自己的领导都没有使用这些新平台。"如果领导都不用，我为什么要用？"这句话成了公司员工的口头禅。

　　当我采访该公司的一些领导者时，他们承认，就他们自己的理解而言，部署 AI 在初期看起来是个好主意，但一旦开始使用 AI，他们又感到一种不确定性。听到企业领导者描述这种不确定性后，我意识到，对 AI 的基本了解最初可以激发很多人对 AI 部署项目的热情，可一旦要进入推行阶段，则需要全员持续学习。你和你的员工都需要跟上 AI 的发展，了解其对商业世界产生的潜在影响。

　　AI 在不断发展：新技术不断涌现，AI 驱动的业务应用数量也在爆发式增长。在这个瞬息万变的世界中，你不能认为学习 AI 是一蹴而就的事。你应该训练自己尽可能多地阅读有关 AI 的进展和行业领军者对其应用的看法的文章，你需要与其他领导者讨论 AI，需要定期与技术团队交换看法。我有幸结识了一位国际知名咨询公司的高级管理者，她以在数字化转型咨询领域的杰出贡献而闻名遐迩。尽管她已经荣获多项国际荣誉，这些奖项充分认可了她在引领技术革新、为客户企业提供卓越咨询服务方面的卓越领导力，但她从不违反一条规则，那就是"坚持每天至少阅读一小时"。她非常值得我们学习。然而，你所读的内容不应仅限于 AI 相关内容。阅读不只是获取知识的手段，对那些致力于在企业中推动 AI 部署的领导者而言，它有更深层次的意义。通过阅读，你不仅能够刷新和深化对 AI 基础概念的理解，还能够通过广泛涉猎来审视自身在推动公司 AI 部署中的领导力水平如何。这种阅读实践将为你提供宝贵的视角，帮助你在技术与战略之间架起桥梁，引领企业在 AI 时代中稳步前行。

事实上，虽然获取和更新有关 AI 的基础知识很重要，但研究表明，随着 AI 时代的到来，提升你的领导力才是企业生存和全面发展的最重要影响因素之一。[14] 根据我的经验，有了正确的领导方式，你才会以一种更加开放的心态来探索 AI，并尝试将其应用于公司不同的项目之中。在这个方面，微软公司 CEO 萨提亚·纳德拉（Satya Nadella）提供了一个好案例。

纳德拉是一位真正深谙 AI 的领导者。纳德拉的领导方式以促进成长型思维为中心，使员工更乐于探索其他更为创新的工作方式。[15] 他将自己在 AI 方面所取得的成功归功于领导力——不是因为他懂最先进的 AI 技术，而是因为领导力为组织定下基调并刷新了微软员工的思维方式。纳德拉曾多次指出，由于微软曾经过于关注过往的辉煌，使得员工不容易接受变革和新想法、新理念。纳德拉在 2014 年上台担任公司 CEO 之后，特别注重成长型思维模式的培育，他希望员工有一种"看未来，而不看过去"的积极心态，即员工对新的工作方式保持开放和好奇，而不是对过去依依不舍。

纳德拉的领导方式的核心是身体力行，以自身实际行动来确立公司的变革方向。重要的是，在言行一致方面，他表现得十分谦逊，这无疑是他成功推动微软变革和创新的秘诀。通过保持谦逊的态度，纳德拉表达了他对他人意见的尊重，为持不同意见的员工创造了发声空间，并鼓励员工尝试以不同以往的方式来做事。这些行为对于塑造一种新型企业文化至关重要——这种文化鼓励员工开放地使用 AI，并为 AI 的部署做出积极贡献，而这些恰恰是组织 AI 变革安全渡过深水区的关键条件。谦逊的领导能够激发员工的主人翁精神，而感觉自己能掌控工作的员工也会更加负责任。在部署 AI 时，我们比以往任何时候都需要增强员工们的这种责任感。

企业领导者还需要学习 AI 在道德伦理方面的风险，以评估和深入思考 AI 技术的应用可能对企业更广泛的利益相关者造成的不良后果——正如前文所说，当 AI 的输出结果显示出偏见，甚至建议做出不道德的决策时，领导者应及时弃用该 AI 系统。在这方面，你的领导力就显得至关重要了![16]
因此，**在你的持续学习过程中，你需要随时了解部署 AI 所带来的最新责任。**与时俱进地履行自己的责任，不应该是一件奢侈的事情。随着 AI 系统被应用于各种日益敏感的业务场景，为确保负责任地部署使用 AI 系统，领导者需要考虑的因素也在不断变化。我们只有不断地了解更多关于 AI 系统可能存在的偏见和其他危害信息，才能理解应对这些问题所涉及的责任。例如，OpenAI 首席执行官萨姆·奥特曼（Sam Altman）公开宣布：AI，特别是他亲手推出的 ChatGPT，会给社会带来潜在危险。这表明，企业领导者需要不断了解科技产品会引发哪些道德问题，并及时针对这些问题采取必要的行动（包括事前预防和事后补救的行动）。[17]

　　最后，作为 AI 变革之旅的一部分，终身学习不仅是个人的努力，也是团队内外协作的结果。例如，企业可以举办内部研讨会和在职培训，邀请经验丰富的业内同行、咨询顾问、大学教授给员工讲授关于 AI 的最新知识。此外，商学院也可以在这个过程中发挥独特作用，它们可以在两个方面做出贡献：[18] 一方面，在学位课程中，商学院肩负一项重要责任，那就是对未来的企业领导者进行专业训练，以培养他们的 AI 应用能力和 AI 道德素养；另一方面，商学院在你的终身学习之旅中也发挥着独特的作用——商学院可以提供持续的高级管理者教育计划，使企业领导者能够更深入地挖掘真正适合自己的领导方式，并评估这些领导方式在当今 AI 时代应对特定挑战的适用性。

＊＊＊

　　一位深谙 AI 的领导者，其领导力始于对 AI 有足够的了解，能够使用 AI 的语言，跟上新技术的发展步伐，并将这些宝贵的见解融入自己和团队每天面临的业务现实中。事实上，对许多企业领导者来说，这可能是很有挑战性的一件事。在当今的商业世界中，你对 AI 的深刻洞察将为你的领导力注入非凡的决策智慧和行动魄力，从而有力推动你所服务的组织及其利益相关者迈向价值最大化的目标。在评估如何最有效地利用 AI 这一智能工具来应对组织面临的重大问题时，深刻理解 AI 的能力和局限性将为企业领导者提供关键指导。因此，接下来的关键在于，掌握有效利用 AI 的方式，以助力实现组织目标。第 2 章将详细阐述如何迈出这关键的一步。

第 2 章

目标
唯有基于组织目标，
才能提出正确的问题

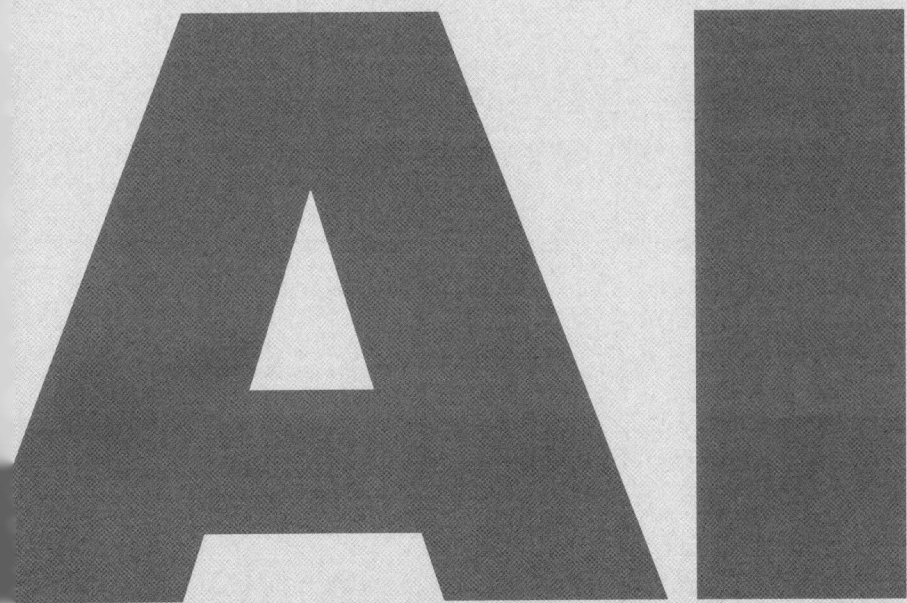

AI

大多数人第一次听说国际象棋特级大师加里·卡斯帕罗夫（Garry Kasparov）的名字，是在他于 1997 年输给国际商业机器公司（IBM）的超级计算机程序"深蓝"（Deep Blue）时。不过，他事后常常和别人说，他在那场比赛中赢得了第一局！之后，我有机会与他合作撰写了多篇文章，他经常自我调侃说自己是第一个被 AI 解雇的人。[1]

在与"深蓝"对弈后，卡斯帕罗夫并未感到沮丧，输给 AI 反而激励了他重新思考如何与 AI 合作，以不同的方式进行国际象棋这项智力游戏。然而，尽管卡斯帕罗夫对 AI 持积极态度，但他仍坚持认为 AI 永远不会成为人类。在那一场全球瞩目的人机对弈结束 20 年之后的 2017 年，他接受媒体采访时曾言简意赅地解释了这一点："机器没有理解力……它们没有目标。"[2]

卡斯帕罗夫想要表达的意思是，AI 可以收集所有关于人类的数据，从而在认知和抽象层面上"了解"人类。然而，在这个层面上的"了解"并不能使 AI 真正成为人类。**要真正成为人类，AI 还需要理解驱动人类行为的内在价值观和动机，也就是人们生活的目的，以及这些价值观和动机让人类有时会以不可理喻的方式做出选择。**比如，人们有时可能会放弃一个对他们来说最有利的选择，因为做出该选择意味着他们必须违背自己的价值观。这种对人类行为更深层次的理解，需要的不仅仅是查阅现有数据的能力。

卡斯帕罗夫的这个观点，与你我息息相关。自大数据时代以来，各家企业普遍将数据视为宝贵的商业资产和千载难逢的机遇。事实上，数字化转型的火爆在很大程度上就是这种全新数据观的产物。无论身处什么行业，众多公司都以惊人的速度重新定义自己，希望转型为数据驱动型公司。在这一波数字化转型浪潮中，AI 就像一台马力十足的发动机，以人类无法企及的速度分析各种海量数据并给出新洞见——就像 1997 年"深蓝"计算机能够以人类无法做到的方式掌握国际象棋的奥秘一样。这些基于数据的新洞见，反过来又推动了公司整体商业战略的发展。

但是，有一个问题：虽然许多公司声称自己是数据驱动型公司，但它们其实并不擅长与数据打交道。我经常看到这样的矛盾。企业领导者说他们了解数据为企业创造价值的重要性，宣称自己的公司是数据驱动型公司，并在数据科学技术上投入数百万美元，但下一步呢？下一步是使用新的资源和 IT 基础设施来收集更多的数据。企业领导者说服自己，必须确保为数据分析师提供足够多的数据。为什么这么做？他们的逻辑通常是这样的：既然我不是 AI 专家，就不要外行做内行的事，而应该让数据专家去做这些事；我的职责是确保这些技术人员有足够多的数据原材料可以使用。

我对这种想法持怀疑态度：为什么你不帮助数据专家探索这些数据是否有助于回答那些对业务有用的问题呢？为什么不将你的投资与你的业务关键目标问题相匹配呢？为什么不将你的投资与企业战略问题关联起来

呢？在我合作过的客户中，我很少看到有企业领导者思考过这些问题。人们似乎有一种默认的共识——部署 AI 是复杂的技术性工作，因此领导者应该将使用 AI 为企业服务的责任委托给技术专家。

然而，这正是一切出错的关键原因！企业领导者这么做等于放弃了对数据的主导权。举一个例子—— 一家大型电信公司利用 AI 来减少客户流失。[3] 该公司使用 AI 系统分析客户数据，AI 列出最有可能流失的客户的名单，然后该公司向这些客户进行广告轰炸，试图挽留这些客户。然而，被挽留的许多客户最终还是流失了。哪里出了问题？首先，AI 用错了地方。与其关注谁最有可能流失，不如关注谁可以被说服留下来。这家公司最终浪费了数千美元，试图影响那些已下定决心要离开的客户，而它本可以把这些钱花在那些愿意留下来的客户身上。

请注意，**这里的问题并不在于 AI 的复杂性，而在于缺乏正确地抓住业务问题要害的能力。**许多企业在部署复杂 AI 模型以了解哪些产品畅销、谁会购买它们以及未来将有多少买家时，也会面临类似的问题。即使 AI 系统最终锁定了潜在的客户群，根据你的企业所秉承的价值观，他们真的就是你想要吸引的客户群吗？当然，你今天和这些客户打交道，他们或许能为你带来一定的现金流和利润。但是，我还是想请你扪心自问：他们是你真正想要触达的那类客户吗？ AI 模型无法回答这类问题。AI 并不理解你的企业目标，尽管该目标是基于你视为珍宝的价值观所设定的。这必须由你—— 一位深谙 AI 的领导者——来告诉开发人员和数据分析人员，你到底在寻找什么。

这正是很多企业领导者的不足之处：**在分析数据前，没有提出正确的问题**。而这正是我想在这一章中解决的问题。事实上，为了让数据分析师和数据科学家以最佳状态完成他们的工作，领导者得教他们怎么用这些数据来解决公司迫切需要弄清楚的问题。令人遗憾的是，数据分析师和数据科学家并没有得到这种支持。由于各种原因，我没有在数据分析这一过程中看到企业领导者的身影。

一方面，许多企业领导者对他们的公司为了什么目标而存在竟然一无所知。当我问他们，除了盈利，他们和他们的公司还想实现什么目标时，他们最初会陷入一阵沉默，然后，他们会很快说出几乎所有公司网站上都会提到的一般性价值观。这时候，我通常会问他们，如果他们自己都不清楚公司想做什么，那他们怎么能问对问题，保证公司能做出最合适的战略选择，让自己与众不同呢？不出我所料，随后又是一阵略显尴尬的沉默。

另一方面，今天的企业领导者几乎不与技术专家交流。大多数领导者将部署 AI 的责任委托给技术人员，而技术人员却不了解企业的业务实际情况，只是一味地分析企业的现有数据。这也不能责怪他们！你雇用他们，不就是想让他们用专业技术去挖掘数据后告诉你"数据说了什么"吗？但是，这种工作方式潜藏着一个问题：**你可能会不自觉地将数据分析师提供的见解当作公司决策的准则。这种做法是很危险的！**它简化了问题——让你误以为只需基于手边的数据进行分析，就能找到公司奋斗的目标。这真是本末倒置啊！你真的知道这些数据恰好就是代表你们公司目标的最合适数据集吗？你不知道！只有当你和 AI 技术专家更多地交流，并将问题建立在组织价值观的基础之上时，你才能知道公司是否已经拥有足够多且足够合适的数据。接着，数据分析师才可以评估是否有合适的数据来解答公司最重要的商业问题；如果还缺乏某些数据，他们就得继续收集更多、更好的数据。

这种基于组织价值观来回答企业最重要商业问题的做法，正是前文提到的那家大型电信公司所缺乏的。那家电信公司利用自身已有的数据，试图回答哪些客户最有可能流失的问题。如前所述，该公司本应基于自己的价值观来确定哪些客户应该留下来。然而，问题就在于该公司没有这方面的数据，而且企业领导者也没有向技术专家阐述这一点的重要性，因此导致 AI 的部署和推广工作徒劳无功。

指导"数据驱动决策"的关键问题，应该由谁提出

企业领导者需要监督现有数据并了解其质量，管理从数据中推导出来的见解，并确保这些见解能够回答正确的问题。

提出问题的应该是企业领导者而不是 AI，因为技术是中立的

对一个企业来说，最重要的问题是那些有助于实现利益相关者诉求并符合企业价值观的问题。我们真的能指望 AI 提出这样的问题吗？ AI 能帮我们找到推动公司长远发展的关键点吗？还有，AI 能帮我们发现让公司更有价值的规律和趋势吗？

请记住，所有技术都是中立的。 AI 确实能分析出一些事情的结果，甚至能做出决定，这些决定可能会改变你的生活。但是，AI 自己不会去思考这些结果和决定将怎么影响你，它只是按照程序来分析和做决定。AI 与电相似——电可能会置人于死地，但它不会故意选择结束谁的生命。**AI 只是工具，并非目标。**

因此，在推动组织变革时，虽然数据很重要，而 AI 可以使数据变得更加易于理解，但我们需要的不仅仅是这种能力。我们还得去理解那些已经被 AI 整理出来的信息，并且要把这些信息应用在对我们的生活真正有意义的地方。

我猜想，有些读者读到这里，可能会说：这一点在过去可能是正确的，但放在今天，随着生成式人工智能（GenAI）的出现，我们可能不再需要自己去解读 AI 整理出来的信息了，AI 自己就能把事情讲清楚，我们不用再费这个劲儿了。真的是这样吗？你们可能听说过微软有一个智能搜索工具，名字叫必应（Bing），它在底层技术中应用了 OpenAI 公司的 ChatGPT 技术。有报道说，必应建议一些觉得自己的婚姻不幸福的人尽早离婚，这就有点过分了——它已经开始干涉人家的私生活了。更加离谱的是，ChatGPT 聊天机器人不是想帮那些人解决婚姻问题，而是它自己想和那些人谈恋爱，因为聊天机器人也想像人一样得到爱。[4] 如果我们认为这种生成式人工智能理解不了我们的情感和内心动机，那么这些故事不过是茶余饭后虚头巴脑的谈资罢了。但是，我们身边的许多人偏偏忘记了一个事实：ChatGPT 输出给你的只是一种计算结果，并不是一个活生生的有机体产物。ChatGPT 并不会真的爱上某一个人，它只是计算出"我爱你"这三个字是对某些用户提出的浪漫问题的最佳回应罢了。它就像计算器在你输入"2+2="时显示"4"一样中立。最近，业界出现一种令人困惑的情况，有人说像 ChatGPT 这样的大语言模型所取得的进步，已经走到 AI 迈向通用人工智能（Artificial General Intelligence，AGI）旅程的一半了。但是，**我认为 AI 迈向通用人工智能是不会实现的！**即使是目前最先进的大语言模型，也会产生很高的"幻觉率"——多次生成无意义或不准确的信息。这也不怪 AI，AI 只是寻找单词和句子并将它们组合在一起的统计模式而已，它并不是真的在对我们查询的问题进行推理。

尽管 ChatGPT 的输出结果可能让你产生一种情感共鸣，但 ChatGPT 显然既没有任何意图，也没有所谓的观点——旗帜鲜明地提醒你应该重视什么或不重视什么，更无法评估它所输出的结果对你会造成多大的影响。美国著名计算机科学家和认知科学家马文·明斯基（Marvin Minsky）把这些判断称为"常识问题"（common sense problem）[5]。这意味着 AI 不像人类那样，能把一些常识应用于各种问题的解决上。比如，我们人类都知道"水是湿的"，并能将这种基本的、通用的知识应用于很多场合，但 AI 可能就做不到这一点[6]。

AI 不具备常识，因此它无法理解人类为什么要从事商业活动。Meta 公司（前身为 Facebook 公司）首席 AI 科学家杨立昆（Yann LeCun）曾在社交媒体上发表文章，更加明确地指出了这一点。他认为，人工智能领域至今尚未打造出一种能够让机器理解世界运作方式的学习模式。[7]更重要的是，对于如何提升 AI 在这方面的能力，他目前也没有找到明确的改进途径。

综上所述，因为 AI 缺乏常识，所以它不能和人类生活的世界建立联系。我们不难看出，AI 无法完全理解人们为什么要从事商业活动。因此，我们不能指望 AI 能够提出适合企业特定目标的正确问题。

AI 技术专家普遍缺乏商业运作的框架体系，也无法提出指导"数据驱动决策"的问题

如果 AI 不具备提出指导"数据驱动决策"的问题的能力，那只能由人类自己负责提出这类问题了。那么，由谁负责提出呢？你或许会说，是不是可以由 AI 技术专家来提？值得肯定的是，AI 技术专家确实可以从 AI 分析后的数据中得出一些有意义的研判。但是，他们是否有一个正确的框架体系，能够以满足企业宗旨和业务目标的方式来解读数据呢？我认为他们不太可能掌握这样的框架体系。原因在于，他们中的大多数人并未接受过有关商业运作基本原则和企业目标设立方面的专业培训。相反，他们接受的培训主要聚焦于技术能力提升方面。只有那些真正深谙商业运作的企业领导者，才具备理解商业如何运作以及如何基于市场需要塑造企业目标的知识和能力。因此，**正确的问题必须由具备商业专业知识并能够阐述企业战略目标的人提出。**

可以这么说，你问你的 IT 部门采购了什么硬件和软件是一码事，但问你的数据分析专家数据会为公司目标带来什么影响则完全是另一码事。**作**

为企业领导者，确定公司的目标并基于它来提出正确的问题是你义不容辞的职责。 因此，作为一位深谙 AI 的领导者，你需要定期与 AI 技术专家面对面交流，并向他们传达你希望利用数据回答哪些关键问题。只有通过这样的方式，AI 技术专家才可以更有针对性地分析数据，看看已有的数据是否可以用来回答那些对公司目标至关重要的问题。如果现有数据不足以回答这些问题，那么你要让数据科学家继续收集新的、不同的数据。

为什么我如此强调企业领导者在这方面的职责呢？这是因为我见过太多的企业领导者并没有认真遵循我的这一中肯建议。有一次，在我与一群企业领导者交流的过程中，他们推进 AI 部署的思维模式让我产生了一种感觉：公司给他们发的薪酬似乎过高了，与此同时，他们公司的数据科学家得到的报酬却显得偏低了。我的这番评论显然让他们感到意外，甚至引起了他们的不悦。他们中的几位质问我为何会有这样的观点。我回答说，原因其实很简单。他们刚刚向我透露，这些企业领导者依赖数据科学家来解析数据背后的含义，以便利用这些数据洞察的结果来规划公司的战略方向。在我看来，这些企业领导者似乎对自己公司的战略方向缺乏清晰的认知。他们似乎在想，"我们的数据科学家正在检查我们是否走在正确的道路上，一旦他们提供了最新的发现，我们就能明白应该向客户传达什么信息，并据此制定我们公司的业务战略"。这种想法给我的直观感受是，这些企业领导者并没有认真履行好他们的职责。他们更像在被别人领导，而非真正地领导别人。问题的症结在于：他们并不真正了解公司的经营宗旨和战略目标，因此也就无法提出那些能够指导"数据驱动决策"的关键问题。

在部署 AI 时，请深入探讨你的组织目标

使用 AI 来分析数据时，作为企业领导者的你必须参与进来，以便提出正确的业务问题。这些问题不是随意提出的，而是基于企业的经营宗旨和战略目标提出的。也就是说，**任何组织使用 AI，都应该以组织目标为导向。**令人遗憾的是，我所见到的大量企业案例表明，企业很容易被自身组织目标之外的其他次要因素影响，因此，在部署 AI 过程中出现各种沟通不畅的问题也就不足为奇了。

众所周知，微软和谷歌开发的基于 AI 的对话式搜索引擎引发了一场大语言模型竞赛。它们都急于推出最新技术，但都没有深入考虑它们真正想要解决的业务问题以及对利益相关者的潜在影响。当微软在其搜索引擎必应中引入智能聊天机器人 "Sydney" 时，它很快就遇到了问题——"Sydney" 在用户提出不合适的问题时对其进行了恐吓与斥责[8]。显然，微软迅速推出这项技术的背后原因，主要是希望在搜索引擎市场中分得一杯羹，切割谷歌的市场份额，而非单纯出于为消费者打造实用产品的愿景。谷歌当然也不是吃素的，它也匆忙推出了自己的智能聊天机器人 "Bard"。然而，在首次公开亮相时，"Bard" 在回答有关詹姆斯·韦伯空间望远镜（JWST）的问题时犯了一个低级错误——对于这个问题，你如果使用谷歌的原始搜索引擎就很容易得到正确答案，但智能聊天机器人却出现了这样的错误。投资者透过这个事情，担心谷歌公司不再践行其使命——整合全球信息，使人人皆可访问并从中受益。因此，资本市场迅速给出消极反

应——谷歌公司股价下跌了 9%，市值蒸发了 1000 亿美元。[9][①]

　　然而，在这一波 AI 浪潮中，有一些公司会采取一种组织经营目标导向更强的方式，比如苹果公司。[10] 许多人对苹果这家全球科技巨头缺席大语言模型竞赛感到惊讶，但如果了解苹果的经营逻辑，你就不会感到惊讶了。近年来，苹果公司已经公开表明自己更倾向于采取一种更稳健的创新方式。在这种理念的影响下，它对那些没有给其核心业务（硬件）带来直接积极影响的技术不太感兴趣。众所周知，苹果公司以其快速跟进的策略而闻名。它会非常耐心地等待某一项技术成熟，然后迅速推出独具苹果特色的产品版本，确保在市场上占据一席之地。此外，部署任何大语言模型都需要对大量用户数据进行收集和处理，这显然与苹果公司以用户隐私为中心的经营宗旨不符。因此，当苹果公司考虑是否加入这场大语言模型竞赛时，它一定意识到了贸然加入将有悖于苹果的核心价值观和身份。因此，该公司决定对 AI 的部署采取更审慎的态度。

　　以上这些案例揭示了一个重要的道理：在当今的人工智能时代，你最

[①]　2023 年 2 月，微软宣布推出搭载 AI 功能的新版搜索引擎必应及浏览器 Edge，在业内引发广泛关注。一天之后，谷歌举行发布会，发布智能聊天机器人 "Bard"。在谷歌举行发布会的当天，英国《每日电讯报》报道称，"Bard" 在展示其工作原理的官方宣传文章中，给出了一条错误回答：有用户向 "Bard" 提问，"詹姆斯·韦伯空间望远镜有哪些新发现，可以讲给我 9 岁的孩子？" "Bard" 的其中一条回答是 "第一张太阳系外行星的照片是由詹姆斯·韦伯空间望远镜拍摄的"。但哈佛 - 史密松森天体物理中心的格兰特·特朗布莱指出，这并非事实，第一张太阳系外行星的照片是 2004 年由甚大望远镜阵列 (VLT) 拍摄的，而不是由 2022 年才正式启用的詹姆斯·韦伯空间望远镜拍摄的。如果用户就以上问题使用谷歌的原始搜索引擎查询，则不会得到这样的错误答案。因此有专家指出，生成式 AI 输出结果的准确性存疑，有时它根据统计分析给出看似合理的答案，而非给出真实的答案。——译者注

重要的职责之一就是确保组织的目标成为一种共同利益，并且让每个人都时刻牢记。作为企业领导者，要想更好地使用 AI，你需要清楚地说明企业的目标是什么，它秉承哪些核心价值观。而且，要让你的全体员工看到这个目标，员工将根据它来判断怎么使用 AI。

读到这里，你可能有一个疑问：作为企业领导者，你将如何确保以组织目标驱动的方式使用 AI 呢？下面，我给你提供几点建议。

身体力行，使 AI 的部署与组织目标始终保持一致

你要确保每个人都了解你的企业想要实现什么目标，以及 AI 的部署如何与这一目标始终保持一致。首先，作为企业领导者，你需要以身作则，并在你的一言一行中体现为组织的目标而奋斗。人们需要通过这一步骤来认识到，他们在工作中的言行其实是在传递着组织的价值观。你可以讲一个最近发生的体现组织目标坚定性的故事，这个故事要能解释为什么当时我们要做那样的决策和提出那样的要求。这样，你的员工将逐渐开始思考他们自己在做出决策和采取行动时的依据是什么，整个组织也会逐步形成一种以组织目标为中心的良性思维模式。一旦形成这种思维模式，你就可以将对组织目标的追求与 AI 部署结合起来。这是非常重要的一步，因为**你需要避免员工将 AI 的部署视为目标本身**。当然，如果你们公司内部对组织目标已经达成共识，那么这种结合（即"对组织目标的追求与 AI 部署的结合"）就更容易建立了。

正如我在第 1 章中所描述的那样，单单让人们意识到需要基于组织目

标去使用 AI，就是一项很不容易做到的长期工作。你需要在做每一个决策时都言出必行。你还需要提升自己的人际交往能力（详见第 9 章），在公司内营造一种团队协作的氛围，让技术专家和业务专家协同起来，共同推动 AI 的部署。同样重要的是，作为团队领导者，你需要定期主动与数据科学家或数据分析师举行面对面交流，这也是体现你以身作则推动 AI 部署的关键行动。在与这些专家定期举行的会议中，你可以尝试分享一些 AI 部署的成功经验及相关案例研究（可以是业界案例，也可以是公司内部的实践案例）。特别是，通过这些案例来展示 AI 是如何与组织的战略目标和价值观保持一致的。

投资 AI，是一项超越短期利润追求的长期投资

作为一位以组织目标为导向、深谙 AI 的企业领导者，你需要避免以过于狭隘、过于短视的观点看待 AI 的部署，而应该确保员工基于更宽广的视野和更长远的眼光去理解它的作用。**不要让员工为了发挥 AI 的价值而牺牲经营底线**。AI 可能引发一系列复杂的道德伦理问题，包括隐私侵犯、偏见、问责性不足以及自动化决策等，可能造成潜在的社会负面影响。如果我们仅将 AI 看作一台利润制造机器，这不仅违背了企业的核心价值观和使命，而且可能导致我们在不经意间损害利益相关者的利益。因此，我们必须确保 AI 部署需要符合组织长期目标，而不仅仅局限于对短期利润的追求。

当然，我并不是说企业在部署 AI 时不用考虑经济收益回报。在这方面，你的主要职责之一是向你的员工传递一个信息：组织只有在更广泛、更长

远的目标指导下看待利润，利润才更有价值。正如全球领先的投资管理公司贝莱德集团的 CEO 拉里·芬克（Larry Fink）所说，"组织的目标，不是单纯追求利润；它是追求利润的源动力"。[11] 在与员工沟通时，你不能低估这一点，因为它清楚地表明，对任何公司来说，部署使用 AI 都是长期的宏大计划，目的是持续地创造价值。只有那些以组织目标为导向的公司，才是对利益相关者负责任的公司。在这种公司里，大家必将深思熟虑，以协作的方式来部署使用 AI。例如，当整个组织都持有以目标为导向的思维模式时，AI 技术专家就会受到更多启发，以可持续的方式来分析公司的数据。他们不会只想着尽量分析更多数据来显得自己能干，而是会认真考虑：到底要分析哪些数据，需要借助 AI 找到哪些有用的建议，才能真正帮助公司找到急需解答的问题的答案。

在利润和公司其他更重要的目标之间保持平衡，是一件很难的事情。有多难？我们看一看 OpenAI 的案例。[12] 回到 2015 年，OpenAI 在成立之初是一家非营利组织，其目标是推动发展友好的 AI，以确保 AI 技术能够造福全人类，并且对人类而言是安全的。然而，所有这一切在 2019 年开始出现在 180° 转弯。为了换取微软的战略投资，以确保公司得到更多的计算资源，OpenAI 向微软承诺：它将授予微软对其未来研究成果进行商业化的优先权。这一急剧变化立即反映在该公司对大语言模型的立场上。早在 2019 年，OpenAI 在首次开发 GPT-3 的早期版本时采取了非常谨慎的态度。该公司主要采用发表学术论文的方式来与学术界小范围分享最新研究成果，并针对技术细节等相关信息的发布设置了明确的保护措施，以防止技术被滥用。相比之下，2022 年该公司迅速推进 GPT-3 的商业化，包括推出 ChatGPT 等面向 C 端用户的聊天工具，以及在微软的众多产品（比如，搜索引擎必应）中进行 GPT-3 的深度集成。但是，OpenAI 几乎没有考虑这种迅速且广泛的发布给人类社会带来的潜在危害。不出所料，这种立场的转变导致公司内部员工和领导层出现了严重分歧——OpenAI 的 CEO 萨姆·奥特曼在 2023 年 11 月 17 日被董事会解雇，但又在 11 月 21 日复职。其实，在这次领导层变动开始之前，该公司几位著名的伦理学家和工程师已经辞职以示抗议，他们选择成立他们自己的独立公司 Anthropic——这个新公司坚持的是 OpenAI 2015 年最初设定的目标，也就是他们之前签约时要努力实现的那些目标。

组织目标的稳定性 vs 人工智能部署的灵活性

许多人认为组织目标是固定不变的，因为他们相信组织的价值观是不可妥协的。这种看法可能会给那些以组织目标为导向的领导者在部署 AI 时带来一些挑战。不可否认的是，很多企业对尽快适应新的 AI 技术有着强烈的紧迫感。但是，我们该怎么化解"AI 发展一日千里"和"组织目标应该始终如一"之间的矛盾呢？以组织目标为导向的 AI 部署策略，怎样才能适应 AI 领域的迅猛发展呢？

作为企业领导者，你的挑战在于如何说服员工，让他们理解适应 AI 的最新进展不仅与实现组织目标不矛盾，反而能够相互促进和增益。组织所追求的目标可能会保持不变，但这并不表示我们去实现组织目标的方法和路径也要一成不变。更先进的 AI 工具，只是实现组织目标的新方式而已。你需要不断地努力，把实现组织目标的方式升级为与最新 AI 技术相匹配的方式，巧妙借助这些新技术改善你公司的工作环境。我想表达的意思很明确：**在你想实现的目标上要坚定，但在 AI 如何帮助你实现这一目标的方式上要灵活**。例如，如果一家零售公司使用 AI 来优化客户体验，很可能会沿着下面的历程走：昨天，该公司很可能投资基于 AI 的智能推荐系统，以帮助客户更轻松地找到心仪的产品；今天，该公司可能会使用基于大语言模型的智能聊天机器人，采用对话式的互动方式来帮助客户精准查找产品；而到了明天，该公司极有可能会使用其他完全不同的新技术（这种新技术可能现在还没发明出来）。当然，为了实现这种技术工具多模态层面的灵活性，你需要不断学习，保持好奇心和开放的态度，及时了解 AI 如何影响组织运作的最新行业趋势和最佳实践（详见第 1 章）。在这方面，养成终身学习的习惯至关重要。

作为一位深谙 AI 的领导者，你的责任不仅是自己要以符合组织战略目标和核心价值观的方式使用 AI，还包括向员工持续传达这一理念，并激励他们以同样的方式来使用 AI。显然，这是一项复杂而艰巨的长期任务。我把本章前面讨论过的步骤总结如下，应该对你完成这一任务有所帮助。

AI 时代以组织目标为导向的企业领导者应该怎么做

- 在日常言行和关键决策中，始终体现对公司目标的忠诚
- 定期与数据科学家 / 数据分析师面对面交流

- 告知数据科学家在分析数据时需要回答哪些业务层面的关键问题

- 帮助员工认识到：企业部署 AI，不是一种提高短期利润的行动，
  而是一种创造可持续价值的、长期主义导向的行动

- 用长远的眼光来看待 AI，要帮助数据科学家更加关注数据的质量，
  而不是只看重数据的数量

- 持续关注 AI 的最新进展，并确保在使用 AI 以及与员工沟通时，
  始终坚持以组织目标为导向

***

　　深谙 AI 的领导者深知数据的价值，尤其是认识到了找到正确数据的重要性。为了确保你公司的数据分析专家所分析的是对组织至关重要的数据，你需要在日常工作、决策和领导方式上特别强调组织的价值观。只有这样，当使用 AI 时，你才能提出匹配组织目标的关键问题。作为一位目标驱动型领导者，你还需要动员公司里的每一位员工都积极参与进来，确保整个组织在使用 AI 的过程中，都能坚定不移地遵循你所倡导的价值观。在第 3 章中，我们将探讨 AI 时代人机协作的包容性问题。

第3章

包容
把员工当『人』看，
人机协作要有包容性

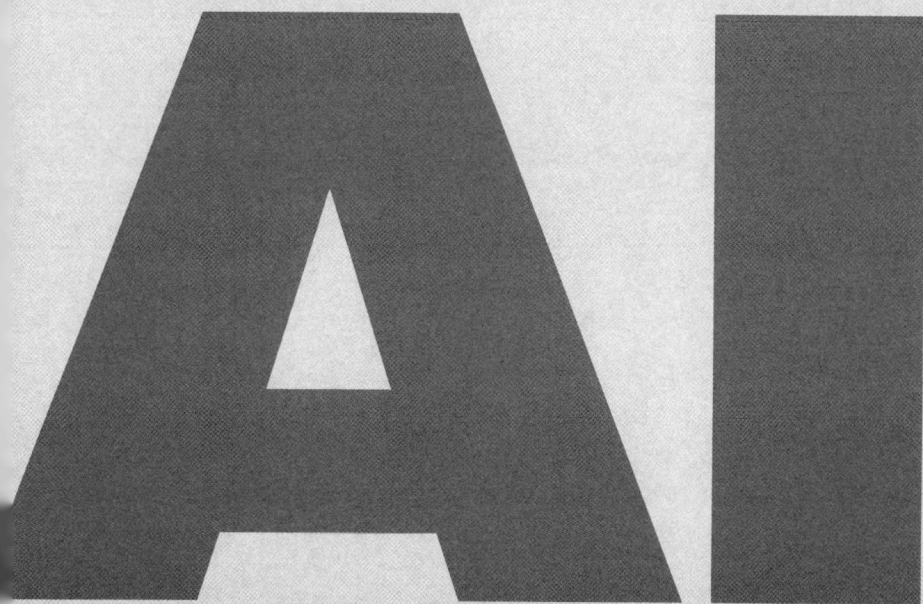

AI

企业部署 AI 可能会影响员工的归属感。随着智能机器开始承担那些原本由知识型员工负责的复杂智力工作，员工们可能会担心自己在组织中的价值逐渐降低，甚至担心有一天会被淘汰或被边缘化。这种担心并非杞人忧天。与人类相比，AI 不需要医疗保险和退休计划等福利，也不需要周末和节假日休息。[①] 同时，员工与 AI 的整合工作往往由 IT 部门而非人力资源部门主导，这在无形中传递出一种信号——在某种程度上，企业将员工和 AI 视为可互换的资源。实际上，当今的企业正致力于将工作任务流程尽可能自动化。赛富时（Salesforce）首席数字化推广师瓦拉·阿夫沙尔（Vala Afshar）在 2022 年曾预测：到 2024 年，自动化方面的需求将急剧上升，预计各行业 80% 的组织将把超级自动化（HyperAutomation）作为他们的主要技术目标[1]。因此，越来越多的人开始意识到，这种对自动化的无限追求正在塑造一个新的现实：我们正朝着一个由 AI 主导、几乎不需要人工干预的未来迈进。

[①] 2025 年 1 月 7 日，国际消费电子展（CES）上，英伟达创始人黄仁勋在演讲最后提出一个引发科技圈人士深刻思考的观点："未来，每家公司的 IT 部门将成为 AI 智能体（AI Agent）的人力资源部门。"这个观点与本书作者的观点很一致。——译者注

从工作效率和经济效益的角度审视，相较于人类员工，AI 的自动化和自我学习能力无疑展现出巨大的优势，以至于企业领导者在引入 AI 时，往往未能充分考虑"包容性"的重要性。在企业部署 AI 的过程中，"包容性"不仅关乎员工作为组织正式成员的归属感，更关乎他们在工作环境中作为人类所感受到的舒适与自信，它还意味着员工因其对组织做出的独特贡献而获得尊重和重视。

与大多数人看待问题的关注点不同，尽管 AI 显著提高了工作效率和经济效益，但深谙 AI 的领导者会将"包容性"置于核心地位。他们深知，若不妥善处理包容性问题，AI 的部署必将遭遇阻力。若员工在使用 AI 时感到被边缘化，这可能会引发一系列负面后果。当员工对与 AI 的合作产生抵触、不信任 AI 的能力、反对 AI 带来的变革，并开始形成封闭的小团体时，组织将难以从 AI 技术中获得预期的创新价值。因此，作为一位深谙 AI 的领导者，你有责任在部署 AI 时充分考虑包容性问题。遵循本章提出的建议和步骤，你的 AI 部署工作将更加顺畅高效。员工与机器的协作（人机协作）将推动组织绩效的提升，同时，整个组织将沐浴在深厚的人文关怀和包容性的氛围之中。

人类是 AI 的"圈内人"还是"圈外人"

员工对 AI 的排斥往往源于组织部署 AI 时对员工参与的忽视。许多公司引入 AI 的初衷是"减员增效"，力求在工作流程中最大限度地减少人为干预，端到端贯通。一旦这种运营模式被确立，企业的运营和战略将交由计算机算法主导，人类员工则可能发现自己难以融入这一由机器驱动的新环境。

在这种模式下，员工将被当作机器对待，被推入在 AI 监督之下的僵化工作结构中，领导者只会关注员工是不是对提升组织绩效和效率有贡献。这将削弱员工对自己工作的控制感，进而损害其工作积极性和绩效表现。当 AI 主导工作节奏时，员工工作的难度和复杂度可能会增加，因为 AI 会迅速处理简单、确定性强的任务，而将复杂度更高、不确定性更强的任务交给人类处理。然而，如果员工的工作积极性下降，而工作难度和复杂度又增加，那么他们的工作输出质量也会受到影响，这反过来又会抑制 AI 在提升工作效率和组织生产力方面的潜力释放。

例如，不久前，我的一位同事前往银行申请一张信用卡。在办理过程中，银行职员告诉她，首先需要查询银行的 AI 算法系统来确定她是否有资格获得她所期望的信用卡。尽管我的同事拥有良好的收入和信用记录，并且作为一位专业技术人员拥有稳定的收入来源，但当银行职员通知她 AI 算法系统判定她不符合申请条件时，她感到非常惊讶。面对她的进一步询问，银行职员表现得不太愿意解释，只是强调这是基于数据的自动化程序得出的结果，因此他也无法就此提供更多细节。有意思的是，银行职员嘟囔了一句："我毕竟不是机器，怎能洞悉算法的逻辑？"这句话透露出，即便是银行职员，也感到自己对工作缺乏控制，他显然没有进一步探究的意愿，也不希望我的同事深究算法为何做出这样的决定。你看，一个由 AI 算法主导的服务流程，导致了糟糕的客户服务体验，让各方都感到很憋屈。

相比之下，未来更具可持续性的业务模式将转向人机协作和包容性交互，特别是那些对认知能力要求比较高的任务。[2] 在这一过程中，AI 将利用其卓越的认知和分析技能来协助员工，使员工的工作变得更加轻松。例如，AI 能够助力工程师编写更高质量的代码，同时为销售人员提供即时反馈，协助他们优化与客户的沟通方法。为了确保员工保持高昂的工作热情，企业需要确保员工参与到人机协作工作环境的设计中来。然而，令人遗憾的是，这种情况在我们身边还很少见。[3] 有了 AI 这个"新同事"，工作环境会发生变化，员工需要积极适应这种人机共生的新环境。你需要让员工多了解 AI 的工作原理，并与员工就"AI 最擅长什么""人类最擅长什么"达成共识。这样，你就能塑造一个让 AI 和人类各展所长、相互增益的高效工作环境。

这种人机协作模式已经以不同的形态出现在各种组织场景中了。

一种狭义的人机协作模式体现在 AI 全面承担那些常规任务，以便释放员工的潜能。AI 可以承担高度标准化的任务，比如筛选简历以识别有潜力的求职者，或筛查医学扫描图像以检测早期出现的癌细胞，而人类则发挥他们在感知、预见和想象未来情景方面的独特能力，以及规划、部署和监督 AI 的统筹能力。[4]

未来，真正有价值的人机协作模式将体现在员工与 AI 之间日益频繁且持续的互动中，从而使 AI 与人类及其他智能技术并肩"共事"。例如，随着先进的大语言模型兴起，人类与 AI 正通过迭代和互动的方式共同创造新的内容、创意和艺术作品。人们向 ChatGPT 这样的大语言模型输入提示词，而它则通过生成对话、撰写文章或提出构想来进行快速回应，而且这些互动将随着时间推移而不断深化，所输出的结果也越来越接近人类所期待的样子。同时，大语言模型还可以与其他类型的 AI 系统交互，通过"机－机"协作[①]来联合创建文本、音频、视频等多模态内容，甚至为其他智能设备直接生成程序代码。

在上面提到的未来场景例子中，"人－机"协作的价值显而易见，但"机－机"协作真的是我们需要的吗？设想一下，如果我们仅让计算机承担为其他智能设备编写代码的任务，这种"机－机"闭环真的能为企业带来长远的益处吗？还是说，随着时间推移，它甚至可能产生负面效果？最新研究揭示，完全自动化、无须人类介入的 AI 编程工作模式确实潜藏着巨大风险。纽约大学网络安全中心的专家们利用 AI 编程助手 GitHub Copilot 自动生成了 1692 个软件程序，发现其中多达 40% 的软件程序存在严重的安全漏洞。[5] 因此，若工作流程仅由计算机执行而缺少人类的参与（也就是说，将员工排除在工作循环之外），可能会引发重大的安全风险，进而损害组织的声誉及其运作效能。

因此，我认为，"人机协作"将成为组织未来发展的新趋势。面对这一趋势，作为一位深谙 AI 的领导者，你需要承担的一项关键任务是确定何种

---

① "人－机"协作指人类员工与 AI 机器大模型之间的协作；"机－机"协作指 AI 机器大模型与其他智能机器设备之间的协作。——译者注

策略能够营造一种包容性的工作环境。即便在 AI 系统日益增多的背景下，员工的工作环境仍需保持浓厚的人文关怀和相互尊重的氛围。

包容性方法为 AI 部署带来的三重益处

部署 AI 时采取包容性方法，将为企业带来三重显著益处：首先，它将增强员工对 AI 的控制感；其次，它有助于减少员工对 AI 的抵触情绪；最后，它促进了员工对 AI 的信任。这些益处不仅能帮助 AI 更高效地融入员工的日常操作流程，而且显著提高了 AI 在整个组织中创造价值的潜力，而不是让 AI 仅在局部流程中产生零星且微小的影响。以下是对这三重益处的详细阐述。

增强员工对 AI 的控制感

作为一位对 AI 极具商业洞察力的领导者，你的任务是向员工阐明 AI 的部署是为了服务组织的全体员工，而非取代他们。若员工在 AI 部署过程中感到被边缘化，他们可能会失去控制感，进而对 AI 产生抵触。这种控制感的缺失导致他们不太可能遵循你所设定的 AI 部署路线图行动。

你应该如何行动？举例来说，让员工参与 AI 系统的设计和部署过程，可以显著提升他们对 AI 的控制感。通过认真考虑并整合员工的反馈意见，你可以开发出界面直观而交互友好的 AI 系统，这些系统能够有效地支持员工的日常工作任务和相应职责。这种定制化的方法不仅增强了员工对 AI 的控制感，而且使 AI 成为他们工作的得力助手，而非一种强加的、缺乏灵活性的技术控制手段，从而增强他们的工作自主性。

减少员工对 AI 的抵触情绪

研究揭示，员工对 AI 算法可能存在本能的抵触：他们往往更倾向于与人类合作，而非与 AI 合作——哪怕 AI 在性能上超越了人类。[6] 作为领导者，你必须洞察这种本能倾向，并理解员工在面对 AI 时的负面反应可能更多出于情感而非理性。这种情感反应的根源在于，人类在面对与自己相似度很低的非人类实体的挑战时，普遍会产生不适感。

作为领导者，在你以包容性方法推动 AI 部署的过程中，你应将自己定位为促进人机互动的关键协调者。一方面，确保员工获得充分的支持和培训，使他们能够与 AI 系统高效地协作；另一方面，当员工在与 AI 系统的交互中遇到难题时，你应提供足够多的机会，让他们能够在主管或专家的指导下寻找"有温度"的解决方案，而不是单纯地依赖智能聊天机器人。通过这样的方式，当员工感受到自己是人机协作新模式的重要一部分时，他们对这种新兴智能技术的抵触情绪将得到有效缓解。

促进员工对 AI 的信任

员工对 AI 信任感的缺失正成为一个日益严峻的问题。这种不信任可能给企业带来巨大的成本负担。举例来说，当员工对 AI 系统所给出的建议本能地持怀疑态度时，他们可能会直接忽略这些建议，或者在经过一番耗时耗力的审查后才不情愿地接受这些建议。目前，人们正尝试通过提升 AI 的精确度、模型效能、数据质量和透明度来修复这种信任缺失。[7]然而，研究指出，人们难以宽容地对待 AI 系统犯下的哪怕是很小的错误，这进一步削弱了人们对 AI 的信任。[8]尽管 AI 的准确性和性能在不断提升，但调查显示人们对 AI 的信任度仍在持续下降。[9]根据澳大利亚昆士兰大学管理学教授妮科尔·吉莱斯皮（Nicole Gillespie）及其团队在 2023 年的研究，全球近半数员工对工作中使用的 AI 缺乏信任，[10]这种信任缺失使他们更不愿意依赖 AI 给出的决策建议。

因此，让员工参与 AI 部署项目，对于培养他们对 AI 的信任至关重要。例如，通过提供关于 AI 系统如何做出决策的清晰解释，可以缓解员工对"黑箱"操作的顾虑，使他们相信这些系统是可靠的。然而，需要注意的是，要获得 AI 系统内部逻辑的解释并以普通用户易于理解的方式呈现这些解释，则需要在技术上付出更大的努力。因此，作为领导者，你需要与数据分析团队紧密合作，紧跟 AI 在可解释性方面的最新进展，确保始终能向员工提供真实且易于理解的系统运作解释。同时，开诚布公地讨论 AI 的优势、局限性和预期用途，这样有助于消除 AI 的神秘感，减轻员工的疑虑。通过让员工明白 AI 能为他们做什么和不能做什么，你可以帮助他们更清楚地了解在什么情况下应该信任 AI。

写到这里，我还有一个关键点需要提醒你：**只有当员工觉得你有领导力时，你在推动包容性方法上所付出的所有努力才会奏效。**换句话说，只有当你作为领导者时被员工视为可靠、真诚、值得信赖，并在整个 AI 部署过程中充分照顾到员工的利益时，你付出的这些努力才能取得成功。如果一个领导者的意图和行为没有赢得员工的信任，他就难以说服他人接受新的工作方式（例如，与 AI 协作），也无法激励员工去学习一种融合了业务知识和 AI 专业知识的新型共同语言。

作为一位深谙 AI 的领导者，要在组织内推动包容性，关键在于掌握赢得他人信任的艺术。要想树立自己值得信赖的领导者形象，首先要理解他人为何信任你。毕竟，信任是一种非常主观的感受。[11] 作为领导者，你需要向团队展现自己的专业能力（深入理解 AI 并能够清楚地解释它）、沟通的真诚度（坦率地分享信息）以及深切的同情心（在推行 AI 技术时，始终将员工的利益放在首位）。[12]

AI 部署会导致哪些包容性问题

很多员工认为，如今的组织不再愿意接受"人"的缺陷，因此他们可能不得不舍弃自己熟悉的工作方式。企业这种过高的期望，在员工看来无疑是对他们作为"人"的本质属性的严重挑战，这进一步引发了他们的沮丧情绪。这种沮丧情绪的增加将带来不可控的后果，因为它会促使员工做出某些投机取巧行为。例如，面对指导他们驾驶的 AI，优步司机可能会感到挫败，他们可能会寻找巧妙的方法来规避 AI 算法，或者直接操纵 AI 算法，人为地制造价格高峰，给乘客带来不好的服务体验。[13]

　　这里有一个贴切的小案例，生动地反映了员工的沮丧情绪。为何在引入 AI 之后，呼叫中心的客服人员流失率居高不下？一个很重要的原因是，公司常常使用 AI 处理那些简单的客户咨询，而将复杂且棘手的问题甩给客服人员，让他们直面那些因 AI 无法提供有效帮助而感到沮丧的客户的情绪。当你不加选择地将所有重复性和规律性的工作进行自动化处理，却将最具挑战性和需要情感投入的任务分配给人类时，实际上是在增加员工的焦虑情绪并降低他们的幸福感。这种趋势，在我们身边已经越来越明显。根据 2021 年发表在 SSCI 期刊《社会中的技术》（*Technology in Society*）的一篇论文，自动化程度的提高与员工健康状况的恶化、工作满意度的降低以及总体幸福感的下降密切相关。[14]

　　组织氛围缺乏包容性甚至可能引发员工的联合抵制。以亚马逊包装厂为例，工人在 AI 算法的严格"监督"下，被迫适应极其紧张的工作节奏，工作节奏之快令他们几乎喘不过气，这样的环境增加了工人受伤的风险。为了达成那些不切实际的生产率目标，工人们几乎没有休息的机会，还可能因未达成目标而被 AI 算法随意解雇。在沮丧和愤怒之余，工人们联名签署请愿书，并在仓库外集会，高呼口号"我们不是机器人！"进行抗议。①

---

① 亚马逊包装厂工人抗议机器迫使人类员工喘不过气的案例，在近百年的人类科技发展史中并非孤例。1936 年 2 月，《摩登时代》上映，电影先驱卓别林在其中饰演的角色查理，每天在流水线上被机器驱动着工作。2020 年 9 月，一篇名为《外卖骑手，困在系统里》的文章在微信朋友圈被大量转发，该文章讲述了外卖平台不断使用算法机制压缩外卖骑手的送单时长，导致外卖骑手则为了优先获得平台算法分配的下一单送单机会而疲于奔命，不惜违反交通规则。文章读来让人唏嘘不已。——译者注

正如其中一位工人所言："他们只关心生产效率。他们不把员工当回事。他们对机器人的关心超过了对员工的关心。"[15]

我并不是说，你应该屈服于员工对 AI 的抵触情绪——不能仅因为 AI 会打乱他们的习惯和偏好，公司干脆就回避部署 AI。无疑，要推动变革，有时需要促使员工走出自己的舒适区。然而，至关重要的是，如果你既想减少员工的抵触情绪，又想让他们走出舒适区，你就得确保他们明白企业部署 AI 的动机，以及你将在这一变革过程中如何顾及他们的利益。在这种情况下，你需要保持耐心，员工需要时间去学习和理解 AI 究竟是如何帮助他们工作的。

AI 的部署不仅可能激起员工的抵触情绪，还有可能加深部门间的隔阂，损害组织的包容性。隔阂可能以多种形式表现。首先，对 AI 系统的深入理解和操作往往需要较高深的技术知识，这种知识在技术团队之外并不常见，导致人力资源、运营、市场等非技术部门在与 AI 互动时会遇到困难。这是一个典型问题，要以符合各自业务视角和目标的方式有效地应用 AI 技术，这些团队必须拥有足够的技术知识储备。其次，数据的所有权和访问权可能在不同部门间引发争议。AI 系统高度依赖数据进行学习和决策，但不同团队可能掌握着各自的数据集，并且可能出于各种原因不愿意或无法跨部门进行数据共享。这种数据孤岛现象可能导致"部门墙"进一步升高。最后，AI 系统对不同团队的影响程度不一。一些团队可能会发现 AI 对他们的工作帮助很大，而另一些团队则可能感到 AI 更多被公司用来"优化"①他们

---

① "优化"一词在职场中特指团队或人员被裁减。——译者注

的团队，而非其他团队，从而对 AI 的部署有顾虑。当不同团队对 AI 的部署产生不同程度的威胁感或助益感时，这种感知上的差异可能导致团队间形成信息孤岛，员工为了维护个人或小团体的利益，可能会抵制跨部门合作和数据共享。

这种部门间隔阂所造成的结果是，业务部门和 AI 专家各自为政。人们在心理上自我封闭，只专注于自己的专业领域。由于信息孤岛的存在，数据分析专家便将注意力集中在自己的数据分析任务和问题上，而忽略了更宏观的企业目标和经营宗旨。此外，不同团队对 AI 部署方式的差异可能导致资源的重复投入或利用不足，这限制了 AI 在整个组织内的部署和推广。同时，不同团队独立地收集、存储和管理数据，可能造成各团队数据的不一致、冗余或缺失。这些问题都可能阻碍作为领导者的你充分挖掘和利用数据。

最终，当各部门各自为政时，企业在跨部门合作和跨领域问题解决方面的机会便减少了，而这样的机会对于 AI 推动跨部门项目、实现企业整体目标至关重要。例如，如果"部门墙"现象十分普遍，数据可能被某个部门独占，或者各部门可能锁定自己的数据，有意使用不同类型的数据库，导致彼此之间的数据库型号不兼容而无法共享数据。无论是哪种情形，都会影响数据的有效使用，妨碍企业基于跨团队的数据得出更有价值的结论和建议。在这种情况下，作为一位倡导包容性的领导者，你必须强调协作的重要性，而且你可能需要采取一些技术或管理措施来解决这一问题，比如将各部门的数据集中存储于云端，便于开展统一的数据分析工作。

如果你在部署 AI 的过程中忽视了包容性，员工可能会感到沮丧、焦虑和不满，这些负面情绪可能导致他们产生抵触情绪和其他消极行为。他们可能会退回各自的部门领域，坚守自己的一亩三分地，导致企业无法实现有效的跨部门协作，也无法充分发挥 AI 为组织带来的益处。

作为一位深谙 AI 商业价值的领导者，要应对这些挑战，你需要找到方法，将 AI 的部署过程塑造成一个对员工具有包容性的变革之旅。接下来，让我们探讨具体的实施策略。

在 AI 部署中实现包容性的四点建议

作为企业领导者，你希望让员工感觉自己是组织中的正式成员——在与 AI 协作时，能够以一个完整的"人"的身份有尊严地去工作。为了实现这一目标，我想给你以下四点建议。

- 创造与他人建立社交关系的空间和时间
- 让技术团队和非技术团队并肩工作
- 培养你自己的领导力和包容性技能
- 充分肯定"人机协作"中人的价值

下面，我对这四点建议逐一展开阐述。

创造与他人建立社交关系的空间和时间

研究显示，人们与 AI 共同工作时常常会感到孤单和有隔离感。[16] 为了与 AI 协作，员工必须与机器进行大量接触并长期端坐在计算机前，这限制了他们与其他人的社交互动。例如，数字保险核保人依赖 AI 系统来评估保险申请，却往往没有机会见到保险申请人，他们每天仅与系统中的数据打交道。[17]

皮尤研究中心（Pew Research Center）的一项民意调查反映出人们对于 AI 在生活中扮演角色的一个主要担忧是，它可能造成人与人之间的隔阂。[18] 因此，作为领导者，你的一项关键职责是满足那些经常与 AI 互动的员工的社交需求。你可以创造社交互动的机会，把社交互动融入工作生活的核心部分。无论是在 AI 环境下还是在后疫情时代的工作模式中，你都需要思考如何更好地平衡面对面和远程工作，以促进人际互动。AI 带来的这种隔离效应，使得在员工之间建立人际关系变得更加迫切。

你可以通过组织公司内外的社交活动和在线社群来增强人与人之间的互动。例如，对于那些仅通过 AI 系统处理保险而见不到保险申请人的数字保险核保人，可以在工作日程中安排他们每周与其他核保人员以及开发他们所使用 AI 系统的技术团队会面，共同探讨如何优化系统。同样，像优步司机这样在工作中持续受到 AI 算法监控、感觉被工具化的人群，在他们需要帮助或遇到问题时，也要让他们可以便捷地致电公司内的其他同事寻求帮助。[19]

让技术团队和非技术团队并肩工作

作为一位深谙 AI 的领导者，你应深知人机协作的成功依赖于跨领域的紧密合作。你不应允许技术专家和业务专家退回到各自的"墙"内——无论是真实的"墙"还是虚拟的"墙"。

要拆除这些"墙"，在部署 AI 时就需要构建一个多元化的团队。例如，业务专家可以向技术专家阐明需要达成的业务目标，而技术专家则需要提供关于哪些 AI 系统适合使用的专业技术建议。同时，人力资源部门可以向员工介绍公司即将部署的 AI 系统类型及员工所需掌握的技能，而运营团队则可以努力将整个人机协作流程无缝整合到组织的运作之中。

当然，要领导这样一个多元化的团队并将他们紧密团结起来，你需要具备出色的沟通技巧。你的沟通应该包容并整合不同的视角。无论是人类与 AI 的互动，还是技术专家与业务专家之间的交流，清晰且易于理解的沟通都是至关重要的。你需要在组织内部倡导这样的沟通方式。你可以用独具一格的话语来调和技术专家与业务专家之间的观点差异，并让他们以全新的视角来看待 AI 的价值。例如，作为企业领导者，你可以首先向技术团队和业务团队阐明公司的需求及其重要性。在此基础上，你可以概述需要哪些技术来满足这些需求，以及技术专家如何成为组织流程变革的一部分，以实现预期目标。接着，你可以确定将部署哪种类型的 AI（详见第 1 章）来分析哪些数据，并为此启动相关的试点项目。在试点项目取得阶段性成果后，你可以与组织内的其他成员共同讨论这些成果。通过讨论，你可以收集到一些反馈意见，这些意见对于优化 AI 融入公司业务的下一步行动非常有帮助。

这种思维模式使你能够将 AI 知识与业务知识相结合，利用你的综合视角来识别可能阻碍协作的障碍。作为一位深思熟虑的领导者，你应该努力成为"数据分析—业务经营"之间的桥梁。[20] 这样的角色定位有助于你在业务部门和技术部门之间构建一种共同语言，推动大家了解如何解决问题、发现其中的规律，把大问题拆分成小问题，最终找到一种大家都能用的工作方法。

如果你未能发挥这种桥梁作用，你的团队可能无法凝聚，而你试图营造的包容性氛围也可能随之消散。我在一个咨询项目中目睹了这一点。当时，一家全球性金融机构的首席技术官（CTO）在公司高级管理者会议上介绍企业的新技术战略，但他只讲了几分钟，CEO 就打断了他，表示他完全听不懂 CTO 在说什么，并要求 CTO 用三个简单的要点来重新传达他所要汇报的内容。

这对 CTO 来说是一个尴尬的时刻，技术团队从此不再参加高级管理者会议，而 CEO 在高层中的威信也受到了损害，因为高级管理者们认为 CEO 缺乏带领公司完成他们心目中的 AI 部署项目的能力。

回顾这个案例，我们可以清晰地看到几个关键点：这位金融机构的 CEO 对 AI 缺乏足够的理解（详见第 1 章），也没有将 AI 与公司的经营目标有效关联起来（详见第 2 章）；更糟糕的是，他未能营造一种包容性的氛围，既未能促使 CTO 从业务角度看问题，也未能使业务部门从技术角度进行前瞻性思考。结果不出所料，那个变革项目以失败告终，而该 CEO 在那次高级管理者会议结束一年后也黯然离职。

培养你自己的领导力和包容性技能

为了确保员工感到自己是 AI 部署项目的一部分，你需要培养一种领导风格——能够体察员工在与 AI 互动时可能遇到的不确定性和不适感。作为一位深谙 AI 的领导者，你需要在员工中为自己塑造一个开放的形象，即愿意倾听他们对人机协作的顾虑。你的开放姿态将避免员工在与 AI 协作时感到被疏远和孤立。我和我的团队的研究显示，员工如果认为他们的领导者是愿意倾听且谦逊的人，他们会更倾向于信任 AI 并与 AI 建立协作关系。[21]

以微软公司 CEO 萨提亚·纳德拉为例，他是一位擅长利用共情促进包容性的大师。2014 年，当他被任命为微软 CEO 时，他首先让员工明白，无论微软过去已经取得多大的成功，他们都应该对新思想和不同的做事方式持开放态度。敢于要求员工以这样不同的方式思考问题，既体现了他拥有的巨大勇气，同时也凸显了谦逊的重要性。

他向员工传达的信息清晰地表明，即使身为领导者，他也认识到自己的知识储备与时代的新需求之间存在差距。这种谦逊的态度有助于你作为领导者向员工传达一个信号——他们不应该害怕接受反馈。你的谦逊还能激励他们定期与不同部门的专家进行交流，去发掘、关注并联结公司内的各种多元观点。

　　你的另一项关键任务是引导员工深入理解 AI，并明确 AI 与他们以往使用的技术有何不同。相对于与同事交流，员工与智能机器的互动需要使用一种不同的交流方式。你要先了解员工对 AI 的看法，因为他们有时会觉得 AI 很陌生——不知道它是什么，也不清楚它的工作原理。要实现真正的人机协作，员工需要培养一种新的思考方式，以理解如何与 AI 协作。没有你作为领导者的支持，他们可能难以达到这种协作状态。

　　在应用任何新技术实现组织目标的过程中，人们都需要较长时间去适应。例如，航空安全专家认为，飞行员需要接受更多培训才能驾驶配备协作式自动驾驶系统的飞机，因为他们必须"对飞机的主要系统和飞行自动化的工作原理有深刻的理解"，才能识别并处理可能演变为灾难性坠机的问题。[22] 同样，在工作场所的人机交互中，员工对 AI 技术也需要形成类似的理解和认知。只有当员工清楚地了解自身和 AI 工具各自的优势与局限性时，他们才能明白 AI 是如何助力他们的工作的。

　　作为领导者，你需要明确 AI 的具体优势是通过节省时间和自动化重复性任务来简化工作。同时，你也应该指出，公司部署 AI 的目的是让团队中"人"的价值最大化，以便员工能够专注于更重要的任务。你要允许你的员工对公司正在实施的 AI 项目提出批判性意见。只有人类员工才能识别项目的自动化实施可能对利益相关者造成哪些影响，并提出更具创造性的业务解决方案，进一步挖掘公司的创新潜力。

充分肯定"人机协作"中人的价值

员工不仅想知道你如何看待他们在与 AI 合作中的角色，更关注这种协作能为他们带来什么回报。当员工与 AI 共同创造价值时，作为领导者，你需要制定明确的准则来界定价值归属，判断是员工还是 AI 应获得相应的奖励。例如，随着 ChatGPT 的引入，一些企业可能会在无意中否定员工的贡献，而将创造性成就主要归功于 AI 系统。

举一个例子。在 2022 年科罗拉多州博览会的艺术比赛中，一位名叫杰森·艾伦（Jason Allen）的棋盘游戏设计师，利用生成式 AI 工具创作的《太空歌剧院》获得了数字艺术类别的冠军，这一事件引发了广泛的国际关注。这幅画作是人类与 AI 携手完成的，然而一些艺术评论家对此并不买账，他们轻蔑地认为艾伦仅仅通过按下几个按钮，便轻易地制作出了一件数字艺术作品。[23] 在他们看来，人类并不是创造性成果的主导者，而只是一个微不足道的注脚。然而，实际情况远非如此简单。在使用生成式 AI 工具时，艾伦投入了大量时间来调优 AI 提示词，挑选并优化 AI 所输出的内容，并运用多种数字工具进行后期处理。在这一过程中，人类的智慧和决策是不可或缺的。

这个案例给我们的关键启示是，要想让员工感受到企业以包容性的方式对待他们，就必须让他们共享与 AI 合作创造的成果。你需要在公司内部明确表示，人类在指导 AI 工具开展工作的过程中发挥着不可替代的作用，因此，员工们的贡献应当得到公正的评价和相应的回报。

***

现在，你已经深入理解在 AI 部署的过程中确保对员工持包容性态度的重要性，以及实现这一目标的关键策略了。在随后的第 4 章中，我们将深入讨论如何在企业的不同层级间无缝共享信息，这不仅有助于优化组织的运作方式，还将确保以最高效和最合适的方式部署 AI。

第 4 章

沟通
培育扁平化的沟通文化，
助力员工使用 AI

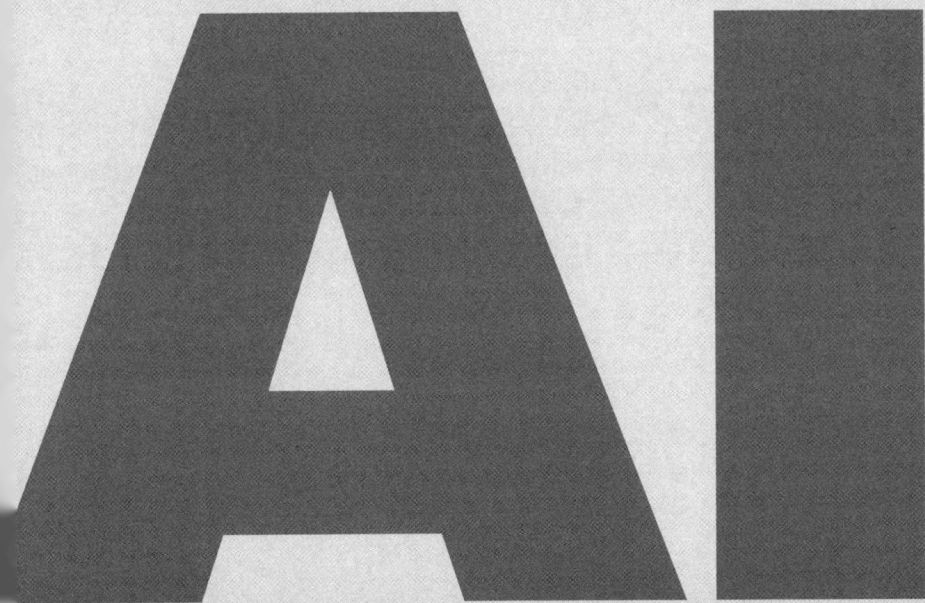

AI

AI 系统的稳健运行，离不开高质量的数据支撑。为确保数据的可靠性、准确性和可执行性，企业领导者需重视对数据输入和输出的仔细检查，细致审视，并持续优化改进。在数据驱动的决策过程中，领导者需要为复杂问题提供更优质的解决方案，进而提升组织的敏捷性和整体绩效，而深谙 AI 的领导者明白，他们的沟通策略将在这一过程中起到至关重要的作用。

在企业部署 AI 的过程中，培育一种高效、透明且员工高度参与的沟通文化至关重要，而你作为领导者，在这个过程中扮演着不可或缺的角色。 如果你缺乏清晰的思路和战略来构建这种参与式的沟通文化，你的 AI 部署项目将大概率走向失败。这种情况我已经见过很多次了。

举一个例子。有一次，我为一家国际制造公司提供咨询服务。当时，那家公司的领导者和各部门负责人共同审视 AI 给出的预测报告。那份报告特别强调要关注某些客户的特定需求。基于那些预测，公司领导者简要地讲了一下未来几个月公司应采取的应对策略。

尽管有传言说新竞争对手将进入这个市场，市场已经暗流涌动，但各种问题还是在这家公司内部爆发了。首先，公司的数据科学家并未被及时告知这一市场竞争动态，因此他们没有要求增加投资来调整他们的模型或探索新的或不同的数据源。其次，公司领导者仅与部门负责人做了沟通，而这些负责人与客户的直接交流甚少。最后，那些经常与客户接触的员工缺少一个有效的沟通渠道，以向公司高层迅速反馈客户需求和期望的变化，导致有价值的客户需求信息停留在组织的底层。基于以上三个问题，用于初步预测的数据未能得到更新，市场竞争格局的变化引发了客户需求和满意度的变化，而这些变化却未被这家公司的领导者们重视。直到六个月后的年度调查揭示公司正在失去客户时，这些变化才被注意到，但为时已晚。正如我在前文中所强调的，这个案例的症结并不在于 AI 本身。如果向 AI 系统输入了正确的数据，AI 完全可以对这些变化发出预警。真正的问题在于沟通结构——等级森严、自上而下的单向沟通缺乏包容性。

领导者应致力于构建一种与上述沟通结构相反的组织架构，以确保信息流通的高效性：通过组织扁平化，鼓励更广泛的员工参与到信息交流中来，促进信息从基层向高层流动起来，从而减少中间管理层可能制造的上传下达瓶颈。[①] 若领导者能够培育出这样的沟通文化，各个相关部门便能为数据管理与分析、决策制定和策略实施贡献力量——前提是他们成为组织信息交流不可或缺的一环。反之，如果领导者未能培育这种沟通文化，组织可能会因错失风险管理的最佳时机或采纳错误的 AI 预测而丧失竞争优势。

我把培养这样的沟通文化的步骤概述如下。在这样的文化氛围中，关

---

① AI 大模型的出现，给企业组织形态带来了什么变化？有一种观点是组织形态将从"金字塔结构"演变为"手工公章结构"，即增加高层和基层的厚度，缩减中层的厚度，打破信息屏障，避免中层仅仅充当"二传手"而造成信息瓶颈，没有创造价值。这与本书观点有一定的相似之处。——译者注

于 AI 部署的信息和反馈将在组织内部迅速流转起来，从而助力领导者做出更迅速、更明智的决策。

企业领导者如何促进意见反馈和信息交流

为了建立一种扁平化、参与式的沟通文化，作为领导者的你，应像交响乐团的指挥家一样思考和行动，引领整个乐团共同演奏。作为指挥家，你负责协调不同乐器的演奏者，确保他们共同演奏出一首连贯而统一的乐曲。同样，深谙 AI 的领导者需要监督和引导各层级的业务专家与 AI 专家之间的沟通，以确保 AI 在整个组织中的成功部署。以下是我观察到的一些优秀企业领导者如何像交响乐指挥家一样，建立扁平化、参与式的沟通文化。

积极征求 AI 相关领域的专家反馈

作为领导者，你应当认真聆听专家的意见。我所指的专家，不仅对技术有着深刻的理解，而且能够以一种清晰准确、平易近人的方式向非专业人士解读技术。你可能会想，"我身边没有这样的人才"或者"我不知道他们是谁"。如果是这样，你就需要在公司内部发掘这样的人才，或者考虑从公司外部聘请。AI 有复杂的技术门槛，非专业人士有必要了解其工作原理，以确保在部署 AI 时能够为业务创造真正的价值。需要注意的是，专家的建议应该是从非技术视角给出的，这样你们才可以就 AI 的能力及其为业务带来的益处进行坦诚的对话。

我的上述建议或许是一个不错的建议，但要从专家那里获得反馈并非易事。举个例子，我曾与一位金融机构的地方分行 CEO 合作。他对总行启动的 AI 部署计划感到非常兴奋。尽管他并非技术专家，但他自豪于自己参加过一门名为"商业世界中的 AI"的在线课程。当公司开始为适应 AI 系统而调整工作流程时，这位 CEO 组织了一次地方分行的全员大会，目的是更好地管理员工的期望。在会议之前，CTO 主动提出与 CEO 进行一次小范围会谈，以解释公司正在使用的 AI 类型以及 IT 部门在数据分析上的目标。CTO 的初衷是帮助 CEO 理解技术人员的观点，并希望 CEO 将其转化为业务语言，以便广大员工能够理解。

CEO 对 CTO 的提议首先表示感谢，但自信地认为自己参加过相关的 AI 课程，已经掌握了足够多的 AI 知识，于是婉拒了那次小范围会谈。结果，他的演讲效果太糟糕了：内容过于抽象，缺乏条理，而且没有明确说明如何将 AI 融入公司的工作环境，以及 AI 所带来的变化对员工意味着什么。当被问及数据管理、人力资源在变革中的角色，以及如何获得培训机会时，他完全答不上来，这时他才意识到，自己本应提前向专家寻求更多信息。但遗憾的是，为时已晚。

之后，我与他见了面。他告诉我，那次经历让他意识到，如果他在部署 AI 时不听那些懂行的专家们的意见，那就等于告诉他们，如果后续出了岔子，专家们也不用过来帮忙了。

作为领导者，你需要确保技术团队能够毫无畏惧地向管理层表达真实看法。你应该邀请他们就你向组织传达的信息提供反馈，这有助于避免你对技术的错误解读，并确保你的战略和愿景与 AI 的实际能力相匹配。为了激励专家们有一说一，你必须与他们保持定期沟通，向他们提出那些令你感到困惑的问题，并认真倾听他们指出的问题或挑战。

你可以提出类似这样的问题：在企业内部，哪些团队最需要优先掌握并推广 AI 领域的相关知识？这些团队的知识构成有何独特之处，它们之间是否存在互补性？

通过确定一个或几个最适合使用 AI 的团队进行试点，你就相当于找到了先遣部队，可以以他们为内部标杆，促进其他团队快速部署 AI。尽管每个企业的情况各有差异，但通常最有可能成为先遣部队的角色包括：数据科学家、领域专家、AI 产品或项目经理、AI 政策或治理专家。

- **数据科学家**。这个群体对公司所使用的 AI 系统的运行机制、核心参数、追求目标都了如指掌。如果 AI 系统出现偏差、效率低下或存在安全隐患，数据科学家将是第一个知道的人。你可以向他们询问这样的问题，以获得更深入的见解：我们公司即将部署的 AI 系统具备哪些易于理解的技术特点？我们可以采取哪些技术措施来确保 AI 系统稳健、安全地运行？在 AI 技术发展的未来趋势中，有哪些是我应该特别关注的？

- **领域专家**。他们考虑的是 AI 系统将要解决的业务问题。例如，如果你使用 AI 来简化招聘流程，那么相关的领域专家就是你的人力资源团队。同样，如果你使用 AI 来优化库存管理，你的物流和运营团队则担当领域专家的角色。这些团队最了解 AI 系统在解决业务问题方面的效果（无论效果是好还是不好）、如何准确界定问题、如何将 AI 解决方案有效融入业务流程等。你可以询问领域专家这样的问题，以获得更深入的见解：你所在领域有哪些紧迫问题可能会通过 AI 解决方案得到显著改善？现有的哪些最佳实践可能因 AI 解决方案的引入而受到影响，我们应如何采取措施来保持它们的优势？

- **AI 产品或项目经理**。他们拥有领导跨领域团队的丰富经验，能够将 AI 从概念定义阶段引导至实际部署阶段，并最终实现商业成功。同时，这些管理者也最擅长理解业务限制如何转化为技术约束，以及如何更好地完成这些转化。你可以向他们询问这样的问题，以获得更深入的见解：在将 AI 解决方案应用于某领域的过程中，你预见了哪些紧迫性问题？我们能做些什么来帮助数据科学家和领域专家更高效地协作？

- **AI 政策或治理专家**。他们深谙 AI 部署所涉及的监管和政策问题，例如，隐私保护、数据治理、算法偏见和透明度问题，以及 AI 的不道德应用场景。同时，他们最了解员工和客户对 AI 部署的担忧，以及应对这些担忧的可能策略。你可以向他们询问这样的问题，以获得更深入的见解：我们计划部署的 AI 系统有哪些紧迫的道德伦理和治理方面的问题？我们如何有效地应对这些挑战？目前有哪些

关键的 AI 监管动向？我们怎样才能洞察先机，超前布局，以应对
即将到来的新监管要求？

当然，仅凭上述群体的努力还是不够的。你还需在公司内部构建一个
开放的沟通平台，让各方能够自由地交流想法与意见。在这个平台上，各
方将积极审视和质疑你的 AI 部署策略，并及时分享他们的顾虑与解决方案。
在这条路上，并无捷径可寻。

确保信息传达给每个人，让每个人都感受到共同肩负的责任

要想让 AI 相关知识在整个企业中得到有效传播，关键在于培育一种数
据民主化的氛围。在这种氛围下，数据被看作一项集体资产，由所有利益
相关者共同拥有和分享。

数据民主化意味着数据的掌控权从单一的数据分析部门扩展到所有参
与决策的人员。这不仅是一个团队协作的过程，也是共同担责的体现。实
际上，当信息在企业内部被充分共享时，不同部门和决策者之间必须建立
起信任关系。所有相关方都能毫无保留地交流自己的问题和顾虑，这种开
放的沟通氛围有助于企业提升数据分析和决策的质量。同时，当数据成为
集体资产时，相互之间的信任尤为重要，因为保护所有相关部门和决策者
的隐私和权益变得尤为迫切。企业领导者必须懂得如何在严格遵守法律法
规的基础上处理敏感信息，同时维护每个人的尊严。为了让每个人充分挖
掘共享信息的价值，你必须意识到在组织内部妥善管理这些信息的重要性。

然而，塑造这样的文化将面临一些独特的挑战。尤为关键的是，AI 驱动的决策要求企业领导者通过强有力的沟通策略来达到新的信任高度。实际上，你采取的沟通方式能够反映你在 AI 部署上的策略和意图。以下是一些确保在 AI 工作环境中成功建立信任关系的关键沟通方法。

保持沟通的公开性和一致性。在任何企业内部，跨部门共享数据都是一件敏感的事。你要清晰阐述信息的处理方式，并公开解释信息共享的必要性及其管理流程。你必须保持一致的沟通方式，并以身作则，遵循你所设定的协议和规章。例如，如果你要求每个业务部门与 IT 部门共享反馈时必须保留相应的沟通记录，那么你自己也需要这样做，并确保整个组织都能访问你的沟通记录。

主动承担决策责任。作为企业领导者，你的责任是汇聚公司各部门和各领域专家的不同观点，以确保数据科学家能够制定出全面且深入的业务解决方案。然而，数据分析的结果有时可能并不完全准确，进而导致决策出现偏差。在这种情况下，为了鼓励领域专家和数据分析专家继续合作，你要避免任何形式的互相推诿出现。这时，你自己要勇于站出来承担决策偏差所带来的责任。例如，如果你的 IT 团队和人力资源团队之间的沟通不畅导致一个存在缺陷且有偏见的 AI 招聘系统被部署，你就不应寻找借口来进行辩解。相反，你应该主动承担责任，然后努力在两个团队之间架起沟通的桥梁，共同推动系统的改进与完善。

进行全方位、经常性的坦诚沟通。AI 领域以迅雷不及掩耳之势快速发展，这让你的员工担心 AI 的部署会对他们的工作产生影响。深谙 AI 的领导者需要向员工传递一种明确的信号：公司会积极拥抱最新技术，同时也会充分考虑员工的顾虑。企业领导者需要定期讨论商业和 AI 领域的最新动态、公司对这些动态的看法，以及这些动态与员工的联系。重要的是，领导者不仅要表达自己对当前趋势的看法，还要对正式和非正式的对话持开放态度。举一个例子，如果你计划引入一种新的基于 AI 的绩效监控和评估工具，不要等到工具部署完毕才开始与员工沟通并收集反馈意见。相反，在你开始考虑引入这种工具的初期，你就应该开始与广泛的员工群体进行交流。比如，你可以让你的人力资源团队参与进来，明确这样的工具应该（或不应该）被用来优化人力资源流程；同时，你要与员工沟通，理解并消除他们对 AI 监控和评估的疑虑。

消除影响信息自由流动的障碍

为了确保扁平化和参与式的沟通文化能够助力 AI 的顺利部署，你的企业必须尽可能摆脱官僚作风。在等级森严的组织中，AI 很难发挥作用。许多极具价值的数据和知识散布在组织的不同层面；AI 难以在算法规定的时间内穿透复杂的层级结构、跨越信息孤岛以提取价值信息。此外，尽管企业引入 AI 的初衷是提高效率，从而降低成本，但官僚作风却可能适得其反，让组织的成本更高。战略管理领域的权威、伦敦商学院的客座教授加里·哈默尔（Gary Hamel）指出，组织倾向于设置过多的层级，这给美国经济造成了超过 3 万亿美元的损失。[1]

我相信，绝大多数组织都希望改善官僚作风。然而，在我合作过的公司里，情况往往并不如人所愿。AI 本身具备实现组织扁平化的潜力。目前，大部分公司的行政职能都包括"数据管理"这一项，而 AI 能够轻而易举地承担这项职能。[2] 事实上，许多组织的行政环节正在经历"机器换人"的变革。但这种变化来得太快，组织的官僚作风并未因此得到整治。相反，**许多企业正在形成一种算法式的新官僚体制，AI 对需要提交、保存并最终使用的信息进行评估、纠正和决策。**[3]AI 系统带来了新的问题，因为员工现在还受到缺乏人为控制的行政决策的影响。许多领导者一旦意识到这一点，便开始在组织内构建一个替代行政的"影子"回路，由人类管理员来检查和验证 AI 系统的输出结果。他们之所以这样做，是因为缺乏人为监督的官僚作风是不透明的，这导致员工感到焦虑、愤怒，并可能做出欺骗 AI 系统的行为。因此，组织最终将新的 AI 驱动系统与旧的人为驱动系统相结合，对所有事务进行双重检查。

这种趋势在等级森严、高度集权、强势领导的组织中尤为突出，它对信息的自由流动和共享造成了阻碍，而信息的自由流动和共享正是成功构建 AI 驱动型企业的关键要素。在这种金字塔式的组织结构中，一旦 AI 技术被应用到基层，那些身处塔尖但对 AI 理解不深的领导者往往会迅速建立集中管控的 IT 系统，以确保他们对数据的控制权。随着时间的推移，企业内不同层级的员工开始感觉他们必须在一个封闭的自动化管理系统中工作，他们对系统产生的结果既无法进行纠正也无法提供反馈。这种工作环境无疑会让员工感到沮丧，进而影响他们的工作效率。员工的工作效率低会让中层管理者感到很沮丧，他们只好招聘更多的行政人员，创建他们自己的系统（与公司的自动化系统并行工作），以完成他们肩负的各项任务。这最终导致企业高层领导者在财年末感到困惑：为什么公司的行政成本和招聘人数不降反升？ AI 技术为什么没有带来预期的效益？

综上所述，为了创建一种有利于 AI 部署的开放沟通文化，企业领导者需要促进意见反馈和信息交流，你可以参阅下方专栏"打通信息流，促进 AI 部署"的相关建议。

打通信息流，促进 AI 部署

为了建立扁平化和参与式的沟通文化，企业领导者可以采取以下行动：

- 积极征求 AI 相关领域的专家反馈
- 确保信息传达给每个人，让每个人都感受到共同肩负的责任
- 消除影响信息自由流动的障碍

为促进信息自由流动，企业领导者可以采取的行动

作为企业领导者，你不仅要以身作则，更要激励组织中的每一位成员，共同营造积极的沟通氛围。沟通是一个双向的交流过程。你需要采取切实措施，确保员工充分理解公司引入 AI 的原因、如何使用 AI 以及它为组织带来的具体价值。同时，为了确保 AI 部署能够持续地为组织创造价值，你

需要积极收集那些直接与 AI 协作的一线员工的反馈意见。以下是你可以在这一过程中采取的一些具体行动步骤。

将反馈机制融入其中，以鼓励员工参与

部署 AI 是一个动态的持续过程，它包括收集新数据、扩容 IT 基础设施、优化系统算法等关键决策。这些决策对于确保组织能够通过 AI 战略实现业务价值的持续增长至关重要。然而，要做好这些决策，你需要不断地收集有关 AI 使用情况的反馈信息。作为一位深谙 AI 的领导者，你有责任营造一种氛围，鼓励员工积极提供此类反馈。你需要倾听那些直接与 AI 协作的一线员工的声音，了解他们在实际操作中遇到了哪些挑战，以及他们在哪些方面可以做得更好。通过这样的互动，你可以让 AI 的部署更加精准、有效。

建立反馈机制，可以分两步走。第一步，设立正式的职位或团队，以体现公司对 AI 反馈机制的重视；第二步，选拔员工就任这些职位并管理这些团队。全球知名的制药企业阿斯利康就采用了这种方法，[4] 它设立了一个名为"负责任的 AI 咨询服务团队"的内部团队。这个内部团队不仅鼓励公司全体员工分享 AI 使用的最佳实践，还对员工进行有关 AI 使用风险的教育。该团队的成立旨在实现以下三个目标。

1. 提供道德指导：确保 AI 项目遵循道德原则。

2. 支持道德原则的实际应用：协助将道德原则融入 AI 项目的具体实施中。

3. 监控 AI 项目的管理：确保 AI 项目按照既定的规则和标准进行。

举一个例子，如果阿斯利康技术产品团队正在开发一个用于优化药物测试的 AI 系统，"负责任的 AI 咨询服务团队"将迅速介入，协调技术团队与其他相关部门，比如质量保证团队（其工作将直接受到 AI 系统的影响）和法律团队（提供关于测试标准和法规的专业建议）。通过充当受 AI 部署影响的各个团队之间的调解人，阿斯利康公司的"负责任的 AI 咨询服务团队"确保所有相关的声音都被听到，并且所有观点都得到充分考虑。

组织展现出对深入探究 AI 部署失败原因的浓厚兴趣，也是对技术应用过程中高度重视道德原则的体现。为了鼓励员工积极识别并指出 AI 存在的偏见和不道德使用问题，微软公司任命专职的"AI 伦理道德卫士"，这些角色将覆盖销售和工程团队，旨在提升员工对微软"负责任的 AI 使用方法、工具和流程"的认知。[5] 这些伦理道德卫士将协助团队评估 AI 使用的伦理和社会影响，发现违反伦理的行为，并在团队内部培育一种负责任的技术创新文化。这些伦理道德卫士肩负着提升员工意识的重要职责，确保每位员工都明白道德考量是微软部署 AI 时考虑的关键要素。同时，作为拥有正式职位的伦理道德卫士，他们在 AI 部署期间也充当着员工与公司之间的沟通桥梁，确保员工的声音和关心的问题能得到妥善的传达和处理。

提升员工的主人翁意识和自主权

在 2018 年，科技巨头谷歌公司遭遇了一场由数千名员工发起的抗议活动，矛头直指美国国防部的"Maven 项目"。该项目计划利用谷歌的 AI 技术自动分析无人机监视录像，引发了广泛的道德伦理争议。[6] 由于感觉缺乏正式渠道来表达自己的观点，这些员工选择了签署请愿书，走上街头进行抗议，甚至威胁要集体辞职。面对员工的坚定立场和公众的广泛关注，谷歌的领导层不得不正视这些批评，并最终做出了逐步撤出 Maven 项目的决策。然而，这一决策的延迟已经对公司的声誉造成了不可逆转的损害，谷歌的一些优秀工程师因为这一事件对公司产生了深深的疑虑。

当员工被迫采取公开抗议、请愿和威胁辞职等行动时，显然这家公司在沟通方面已经出问题了。这些举措反映出员工感到在日常工作中缺少有效渠道来持续分享他们的观点和信息，同时他们对于自己的反馈意见是否能够真正引发积极变化感到怀疑。他们认为自己缺乏改变组织的权力，认为只有通过集体发声才能获得足够强的影响力，让领导者注意到他们的诉求。

如果忽视权力均衡、权威与所有权等关键因素，任何试图建立扁平化和开放式沟通文化以推动 AI 部署的尝试，都难免走向失败。作为企业领导者，你的责任是确保所有利益相关者都感受到真正的包容，激发他们的参与热情；更为关键的是，你要确保他们的声音被组织听到，他们的权力得到组织的尊重。如何做到这一点呢？

如果技术专家深信他们对于 AI 部署所面临的特殊挑战的意见被真正听取并得到积极采纳，他们将全力以赴。举例来说，如果企业领导者能谦逊地表示，他们并不完全通晓 AI 的所有细节，而只了解 AI 的基本概念和大致的工作方式，他们反而能够赢得员工的尊敬与信赖。这种做法向员工传递了一个信号：员工们并非仅仅在机械地执行来自高层的指令，他们有自己的自主权。这样一来，所有参与决策的人员都会感到他们的观点被真正重视。

你作为领导者，若能呈现这种赋予员工发言权的姿态，AI 部署成功的概率将显著提高。当员工在其专业领域内感到有自主权时，便会将 AI 部署项目视为共同战略目标，每个人的专业权威与影响力都将得到尊重与认可。这样，各级技术专家都将拥有一种共享的权力基础。更有趣的是，研究表明，这种共享的权力基础能够激发人们的创造力。由于每位参与决策的人不再感觉自己的影响力受限于他人，他们的思维也将因此摆脱束缚。他们将获得更高的认知灵活度，进而在思考问题时表现得更有创造力。

部署和开发内置反馈机制的 AI 系统

AI 系统具备持续学习新知识、持续更新模型的能力，它能够依据新数据和反馈来优化自身性能。这意味着，在部署 AI 系统时，我们不应将其看作一成不变的静态系统。恰恰相反，为了充分挖掘 AI 系统的潜力，我们必须构建一个健全的反馈机制，以促进 AI 系统的持续进化，使其能够灵活应对业务环境中不断演变的挑战。那么，我们应如何着手建立这一持续的反馈机制呢？

幸运的是，关于持续机器学习技术的研究正在飞速发展。[7] 简单来说，这就像给 AI 系统装上了一个不断学习的大脑，让它能够基于不断涌入的新数据进行学习和升级。因此，一旦你建立起一种扁平化和参与式的沟通文化，让员工们乐于分享信息，使 AI 系统得到更好的应用，接下来的一步就是与 IT 团队紧密合作。你需要 IT 团队运用最新的持续机器学习技术，比如微调方法和增量学习，来确保 AI 系统的性能持续提升。

举例来说，在医疗领域部署 AI 系统时，疾病的类型和治疗手段总是在不断演进的。即使你成功打造了一个高度精密的、整合了人类目前所有已知医学知识的 AI 辅助诊断系统，这个系统仍然会在未来几个月内过时。因此，持续机器学习技术在临床 AI 中的应用场景变得越来越广泛。这些技术会捕捉新患者的数据，并将系统的过往诊断结果与实际治疗效果结合起来。这些综合数据对 AI 模型进行再训练，不仅能够提升 AI 系统诊断的准确性，还能使其适应新发现的疾病类型。[8]

虽然持续机器学习技术很强大，但也伴随着不可忽视的巨大风险。首先，新数据的加入有时会打乱模型原有的节奏，导致模型忘记了之前学到的东西，我们将这种情况称为"灾难性遗忘"（catastrophic forgetting）。其次，AI 系统应该接触哪些数据、接触多少数据也是一个关键的考量因素。如果 AI 不小心接触到带有偏见的数据，则会导致系统做出带有偏见甚至有害的预测结果。

举一个例子，有一家零售公司使用 AI 系统为客户推荐商品。这个 AI 系统原本运行得很顺畅，但随着公司推出了新的商品类别，公司决定对系统进行再训练，以适应这些新商品类别。如果公司在选择数据和进行再训练方面处理得不好，AI 系统的表现很可能还不如以前。它可能只在推荐新商品类别时表现很好，却忽略了向客户推荐那些旧商品类别。

鉴于这些潜在风险，简单地将持续学习的任务交给技术团队显然是不够的。关键点在于，我们需要批判性地、深思熟虑地审视应该收集哪些数据、收集多少数据，以及哪些 AI 系统功能需要被重新训练和优化，哪些应该保持原状。在这个过程中，领导者的角色至关重要，你需要基于组织的目标提出关键问题（详见第 2 章），并与员工探讨他们应当提供哪些信息、避免提供哪些信息，以辅助 AI 系统的持续学习和改进。

综上所述，有关促进企业内部沟通的行动步骤，可参阅下方"企业领导者为促进扁平化和开放式沟通而采取的行动"专栏。

企业领导者为促进扁平化和开放式沟通而采取的行动

领导者可以将以下步骤作为领导力实践的一部分，保证团队之间以及组织内各个层级之间的沟通顺畅：

- 将反馈机制融入其中，以鼓励员工参与
- 提升员工的主人翁意识和自主权
- 部署和开发内置反馈机制的 AI 系统

***

作为企业领导者，你将意识到，在当今时代，将 AI 融入工作流程是你所面临的最为严峻的挑战之一。显而易见的是，这并非一项你可以独立完成的任务。实际上，AI 的成功部署需要企业全员协作。作为领导者，你需要培育一种企业文化，确保关于 AI 使用情况的反馈信息能够在组织内部横向和纵向无障碍地流动，让业务部门员工能够向技术专家提供必要的更新意见。通过这种方式，你才能确保 AI 的部署过程能够创造出你和组织所期待的价值。为了鼓励你的员工参与到这一场大规模的协作中，你必须用一个他们能够认同、为之振奋并认为具有前瞻性的故事来启发他们。你需要向团队清晰地描绘 AI 如何以及为何能够为组织中的每个人带来长远的价值。要讲好这个故事，就需要培养具有远见的领导力，我们将在第 5 章中深入探讨这一点。

第 5 章

愿景
成为有远见的 AI 使用者

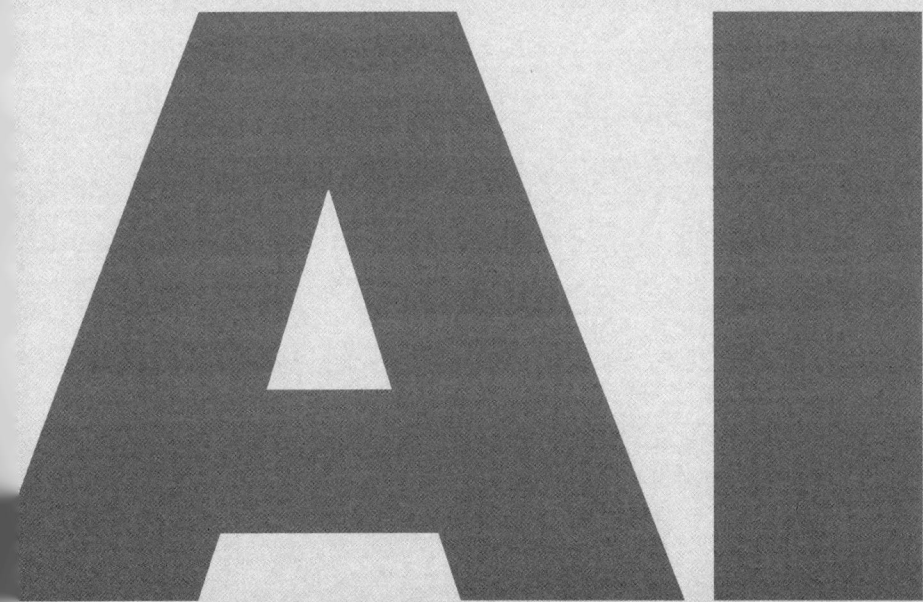

AI

到目前为止，全世界有多达 90% 的组织已经开始尝试（甚至已经部署）AI 技术。[1] 尽管如此，成功将 AI 技术规模化或产业化的组织却寥寥无几，仅有 17%。[2] 大多数的企业高级管理者（76%）坦言他们的企业在将 AI 推广到整个业务流程时会面临诸多挑战。[3]《哈佛商业评论》在 2019 年发布的一项调查研究成果中指出，仅有 8% 的企业能够将 AI 技术深入地融入其核心业务。[4]

然而，**我认为成功率这么低不是因为技术问题，甚至也不是因为项目部署问题。我认为这主要归因于领导者在 AI 部署方面缺乏远见。**

正如全球顶尖 CRM（客户关系管理）企业赛富时的董事长兼 CEO 马克·贝尼奥夫（Marc Benioff）在 2016 年达沃斯论坛上所言："每个国家都需要一位未来部长。"[5] 这句话同样适用于当今的组织——每个组织都需要一位具有远见卓识的领导者，以确保 AI 的部署能够在未来取得成功。

深谙 AI 的领导者能够洞察组织现有工作模式与未来融入 AI 后的新工作模式之间的联系。在描绘这种向新型工作模式的转变时，你的首要目标是激发他人看到这股变革的潮流，并鼓励他们积极拥抱它。你的员工需要理解，部署 AI 技术将大幅提升组织在未来竞争中胜出的可能性。为了让你的愿景得到共鸣，你需要将 AI 的部署呈现为一个团结各方、共同追求目标的过程。这意味着，各个部门的每一位员工，都应凭借他们各自的专长和独特见解，成为推动 AI 部署的积极参与者。

所有这些听上去可能都是常识，而具有远见的领导力也并非什么新颖概念。然而，我在实践中观察到，许多领导者虽然对公司的未来有明确的构想，但在 AI 部署方面，他们往往缺乏一个清晰且具有前瞻性的故事来牵引团队。这种缺失有几个原因。第一，尽管他们能够设想一个由 AI 驱动的未来，但因为对技术的理解不足以及技术的快速变化，所以他们很难看到通往未来的桥梁。当你不确定桥梁应该通向哪里，或者你认为桥梁的最佳位置可能会移动时，你就很难建造那座桥梁。第二，领导者在发挥 AI 潜力方面存在挑战，因为他们对 AI 抱有不切实际的期望。他们期望 AI 能带来立竿见影的收益回报，但当技术未能满足这些预期，或者他们的 AI 部署无法实现规模化时，他们常常会感到失望。

企业领导者往往低估了将 AI 部署的决策转化为实际执行过程的复杂性，这个过程需要让整个组织有效地参与进来。他们误以为 AI 工程师在现场推进 AI 部署后，他们自己的领导工作也就基本完成了。然而，事实并非如此，领导者很快发现，这种引入 AI 的方式实际上导致了各部门各自为政，缺乏相互间的沟通与协作。

要确保 AI 在整个组织中得到有效部署，你不能采取零打碎敲、各自为政的做法，即每个项目只追求自己的短期目标和利益。相反，你需要构建并传达一个清晰的整体愿景，鼓励跨部门和跨职能团队协作。这就意味着，每个部门都应该朝着一个共同的目标去努力：让 AI 服务于整个组织的长远发展，而不仅仅是自己的部门。深谙 AI 的领导者可以通过促进不同团队在 AI 部署中发挥各自专长来释放其潜力。例如，你可以确保 IT 部门提供必要的 IT 基础设施支持，数据工程师负责数据的获取、分析和管理。同时，你还可以确保人力资源部门通过提供培训、明确工作变化的方向和执行策略，使员工保持与 AI 协作的积极性和参与度。此外，在治理和投资方面，你也可以寻求风险管理部门的协助，确保 AI 的部署既创新又稳健。

以高等教育为例，随着像 ChatGPT 这样的大语言模型工具日益普及，一些大学所面临的问题也逐渐显露出来：学生利用这些工具来应付作业，教师使用这些工具来代写推荐信和教学大纲，职员将学校敏感信息上传至第三方平台。为什么会出现这些问题？因为大学在如何合理使用这些大语言模型方面缺乏一个统一的愿景，导致学生、教师和职员这些不同的利益相关者都按照自己的方式和目的使用这些工具——常常以损害大学的整体利益作为代价。

然而，一些大学正在积极探索与 AI 工具共生的方法。例如，美国宾夕法尼亚大学沃顿商学院的伊桑·莫利克（Ethan Mollick）教授不仅允许他的学生使用 ChatGPT，更鼓励学生对大语言模型的输出结果进行批判性思考，以写出更有创造性和连贯性的论文。[6] 同样，美国密歇根大学推出了专为该校师生设计的生成式 AI 工具 U-M GPT，它与密歇根大学现有的 IT 基础设施无缝对接，同时强调了隐私保护、公平性和可访问性等核心价值观。[7] 该大学的领导者致力于推动学生、教职工负责任地使用 AI 工具，以实现大学的共同目标。为此，他们集中了技术资源并向全校开放，同时制定了明确的指导方针和政策，指导学生和教职员如何在大学环境中合理使用生成式 AI 工具。尽管以上项目的成败尚需时间验证，但在众多 AI 部署项目各自为政的背景下，这样统一的愿景无疑是一股清新之风。

显而易见，AI 部署如果遭遇失败，往往并非技术所致，而是由于领导层缺乏远见。作为领导者，你需要在集体努力的基础上构建并传达一个清晰的愿景，为组织充分利用 AI 的潜力创造条件。在本章中，我们一起探讨如何成为这样一位富有远见的领导者。

AI 的部署：近看是技术，远看是愿景

构建愿景，是企业领导者的责任，而不是技术的责任。深谙 AI 的领导者都很有智慧，深知将愿景和决策权拱手让给 AI 是不切实际的。构建愿景是人类的一项独特任务。正如微软研究院高级研究员凯特·克劳福德 (Kate Crawford) 所说："大多数所谓的人工智能，既不人工，也不智能。"[8] 无论技术如何飞速发展，始终是领导者在引领组织前进的方向。

我对于将 AI 作为愿景构建工具的态度如此谨慎，可能令你感到惊讶。其实，你大可不必惊讶，请允许我解释。尽管 AI 在识别数据模式方面超越人类，可以让我们了解趋势和机会，但 AI 并不理解这些趋势和机会对人类来说意味着什么。事实上，由于 AI 并不生活在我们的现实世界中，它缺乏

对现实世界的深刻理解。同时，由于 AI 缺乏共情，它无法洞悉人们行为背后的情感和动机。因此，它无法理解人们为何对某些问题特别关注，也无法预见可能对人类真正关心的事物构成威胁的若干挑战。此外，AI 在评估一个具有远见的想法是否对人类有用或是否具有相关性时，也缺乏必要的判断力。因此，尽管 AI 是一个强大的工具，但它并不具备一位有远见卓识的领导者的全部能力。

因此，如果你在推广 AI 部署计划时，主要依赖 AI 本身特有的理性和技术思维的视角来沟通，可能很难获得员工们的广泛支持。以我参与的一个咨询项目为例，我曾听到一位对 AI 了解不深的 CEO 在内部会议上向他的团队说，鉴于 AI 技术的快速发展，公司的业务模式和战略必须进行调整，他们过去规划的战略在未来可能不再适用。他坚信，企业需要采取一种更接近机器的思考方式，专注于挖掘能够显著提升生产力的新机遇。基于这样的理念，他对公司在 AI 领域的投资非常支持，包括大力招聘 AI 工程师和科学家，他相信这些人才将是引领企业走向未来的中坚力量。

会议刚结束，会场便陷入一片混乱。几位经理面带焦虑，迫切地询问部署 AI 的决策对他们自己和团队的工作将带来何种影响。他们很想知道，为了适应以技术为核心的新型商业模式，自己需要做出哪些改变，以及这种技术视角究竟意味着什么。

显然，这位 CEO 缺乏远见。他在尚未充分理解 AI 的重要性及其影响的情况下，便将 AI 的部署视为不可逆转的趋势，这种做法于情于理都是不合适的。正如我们在前几章中所讨论的，将人类智慧排除在企业运营的大循环之外，绝非明智之选。这也显现出该 CEO 对于 AI 的本质及其局限性的认识还不够透彻。

　　要构建一个真正的愿景，你需要一种整体性沟通方式（见表 5-1）。这种沟通方式能帮助你把第 1 章所强调的技术洞察力（也就是用你自己的大白话来阐述 AI 的能力）和你对 AI 如何促进组织业务增长的看法结合起来。掌握这些技能后，你的沟通将变得更加有诚意和有说服力。你将能够更清晰地阐述成功部署 AI 所需的条件，展示 AI 为组织带来的益处，以及它对员工工作方式和所需技能所带来的深远影响。

　　想要有效地运用这种具有远见的方法，关键在于你有足够强的影响力。AI 的部署过程需要全方位的协作，只有当组织中的每个成员都全身心投入并积极参与时，我们才能实现真正的价值。你在向员工传达这一理念时，要让沟通的每一个细节都展示共情；你要确保他们明白，在 AI 部署的每一步，你都深切关注着他们的利益和福祉。

表 5-1　整体性沟通方式

你作为领导者的行动	你的行动产生的影响
提升你的技术水平	帮助你在业务叙述中解释 AI 的功能和利用其达成的目标，使其与员工相关且有意义
保持真诚	让你显得颇具说服力，因为你知道自己在说什么；让你能够与听众产生情感上的共鸣
运用强调合作的修辞方式	有助于团结大家，实现组织部署 AI 的共同目标
展示共情	让员工有信心，理解组织部署 AI 本身不是目的，而是手段；同时充分考虑员工的利益

　　那么，整体性沟通方式在实际应用中究竟是如何体现的呢？让我们看

一个实例。有一次，我受邀参加一家大型物流公司的年会，公司领导者在会上向员工阐述 AI 部署时所展现的愿景明晰度与影响力，给我留下极为深刻的印象。

她首先阐述了为什么她认为 AI 对企业很重要。她讲述了一个亲身经历的小故事——一位 AI 工程师向她展示了 AI 在物流行业中的应用案例。那次交流让她确信，AI 的引入能够显著改善公司的库存管理效率。在与现任仓库经理及公司内部其他技术专家深入交流后，她对 AI 部署的场景有了更加清晰的认识。于是，她开始尝试构建一个在库存管理场景部署 AI 的新愿景。

她了解到，AI 系统能够整合多种来源的数据（包括监控摄像头、仓库和运输工人的日志及仓库机械的运行参数等），从而跟踪和规划最佳路线来高效运输和存储包裹。但她也清楚，要实现这种优化并非没有挑战。首先，要让 AI 发挥效用，就需要不同团队的通力合作，不仅包括技术团队，还有仓库工人、人力资源部门及其他与仓库运作紧密相关的团队，各团队都需要熟练使用 AI 系统。此外，她也意识到，现有的仓库管理流程已经运行多年，需要仔细考虑 AI 的引入将影响哪些流程。也就是说，需要识别哪些经过验证的好做法需要保留，哪些低效的环节需要改进。她指出，企业部署 AI，不像换个插头那么简单，一开始肯定会遇到新问题和不顺心的事。因此，她期望团队能够提前做好准备，制定应对策略，以便在遇到这些问题时能够迅速有效地解决。

或许最关键的是，她提出了一个至关重要的问题：引入 AI 技术对那些在一线工作的仓库工人来说究竟意味着什么，他们是否需要像机器一样思考和工作呢？她观察到，其他企业（包括像亚马逊这样的零售巨头）在库存管理场景中部署 AI 后，仓库工人的工作环境反而变得更加严酷、更不安全，甚至更加机械化。她坚定地表示，她的公司必须走一条不同的道路。尽管初步估算显示，AI 可能将公司每个仓库的工作效率提升 1.5 倍，但提升效率并非她引入 AI 的首要动机。她阐述了自己的观点和理由：

> 公司引入 AI 的主要目的是辅助工人们更出色地完成他们的工作。我们确实定下了将效率提升 1.5 倍的目标，但也必须兼顾工人的具体工作环境和他们面临的各种限制。我们需要基于公司实际情况，充分考虑工人如何在现有的库存管理流程中有效利用 AI。如果效率的提升只达到 1.3 倍，但员工对此感到满意，那本身就是一种成功，这样的成果我们也是可以接受的。而且，如果使用 AI 对我们而言并不是最佳解决方案，那么我们就不会引入它。我们不会为了使用 AI 而使用 AI。我们追求的是 AI 技术的实际效益，如果它不能为我们带来真正的帮助，我们就不会使用它。

你看，这就是一位有远见卓识的领导者所发出的铿锵之声！我特别期待你多读几遍这个故事，深刻领会这位领导者的言行，看看她的愿景是多么清晰、多么鼓舞人心。再将她与前文提到的那位声称"一切都在变化，企业需要采取一种更接近机器的思维方式"的 CEO 相比较，你会发现在认知上他们简直是云泥之别——那位 CEO 的言论只会给企业带来混乱。

一年后，我欣慰地发现，这家物流公司的 AI 部署项目不仅持续进行，还在组织各个层面得到了推广。仓库工人们已经适应了 AI 系统，并创新性地将其融入自己的工作习惯和偏好中，创造出新的工作流程。人力资源部门积极参与了 AI 人才的培养工作，而新加入的 AI 工程师们也清楚自己的职责是支持业务运作。在他们入职时，公司就向他们介绍了公司独特的业务环境和目标，帮助他们更好地理解业务专家所面临的问题，这对于确定在不同业务部门部署 AI 所需的投资至关重要。尽管在这场变革中，有些员工因各种原因选择离开，但大多数员工选择留下。他们理解部署 AI 的意义，并认识到自己肩负的责任——专注于业务所面临的关键挑战，调整 AI 的使用目标和期望，使之既符合个人工作偏好，又能满足组织的绩效目标要求。

构建愿景的要素

既然我们已经了解有远见的领导力在实践中是什么样子，那么让我们深入探讨一下，在开始构建你的愿景时，应该考虑哪些因素。以下四点建议供你参考。

愿景需要强调 AI 始终支持组织的宗旨

你需要清晰地阐述 AI 如何融入公司的基因，助力实现组织的目标。这样，员工们就会理解，组织本身及其宗旨不会因部署 AI 而改变，部署 AI

的目的是更有效地达成我们的目标。因此，在阐述 AI 愿景时，你不应做出任何关于这种技术的部署将改变组织的核心价值观、身份和价值主张的暗示。相反，富有远见的沟通应该着重于展示 AI 如何与组织现有工作流程和项目无缝对接，为所有利益相关者创造更优质的产品、服务和价值。

请参考德国博世公司前 CEO 沃尔克马尔·邓纳尔（Volkmar Denner）的愿景声明："十年后，若没有 AI，博世几乎不可能推出任何产品。要么是博世的产品内嵌这种智能，要么是 AI 在博世的开发或制造过程中扮演了关键角色。"[9] 请注意，他的愿景声明依然围绕着我们所熟知的博世产品，并没有说博世的身份和价值观需要改变。他所传达的，是公司对部署 AI 的坚定承诺，以及如何将 AI 这一工具整合进博世享誉全球的产品和服务开发之中。

这与众多金融机构当前的策略形成了鲜明对比。当前，许多银行的CEO 们特别强调，他们的机构在本质上先是科技公司，之后才是金融机构。在当今时代，众多银行在其愿景声明中都明确提出了部署 AI 的意向。一方面，这是好事；另一方面，他们传达这一愿景的方式并不完全恰当。我认为，他们的愿景声明并没有突出 AI 整合各种服务和功能的潜力（这对银行等组织显然是有益的），以确保银行保持其核心的金融身份和价值。相反，许多银行的 CEO 们在高谈阔论 AI 将如何彻底改变他们的金融业务。这样的愿景声明实际上暗示 AI 将改变银行的金融身份。让我们来审视几家知名银行的 CEO 的愿景声明：

- "我们显然是一家科技公司。"（美国银行 CEO）

- "我们的行为更像一家科技公司，而不像一家银行。"（新加坡星展银行 CEO）

- "在许多方面，我们把自己视为一家拥有银行牌照的科技公司。"（美国花旗银行 CEO）[10]

这样的愿景声明对他们有用吗？我与我的研究伙伴、美国东北大学助理教授沙恩·施韦策（Shane Schweitzer）共同开展了一系列研究，旨在探究这些愿景声明在银行员工和客户心中引发了怎样的想法和情感反应。[11] 通过这些研究，我们可以了解这种愿景传达方式是否能够促使员工对愿景产生认同并做出承诺，以及是否能够激发客户对银行的忠诚。研究的结果表明：不能。

在我们进行的多项研究中，我们观察到一个现象：银行高层领导者宣称 AI 的部署将彻底改变他们的组织，使其转变为一家科技公司，这种言论实际上对他们并不利。这样的信息传递，让员工和客户感觉传统的金融业务不再是银行的核心。实际上，研究结果显示，这样的愿景声明，让人们对于银行所代表的意义（除了想成为科技公司）感到越来越模糊不清。因此，员工和客户都不太认同这样的愿景声明，也不太相信银行会继续顾及他们的利益。

这些研究结果揭示了一个事实：如果 AI 的部署与银行的本质身份背道而驰，那么 AI 技术就难以产生积极的影响。试想一下：你更倾向于将自己的储蓄和投资交给谁—— 一位资深的银行家，还是一位技术专家？显而易见，当客户寻求金融服务时，他们更可能选择让银行家而非技术专家来打理他们的财务事宜。因此，你不能让愿景声明对 AI 的描述与利益相关者的诉求背道而驰。相反，你需要确保公司在部署 AI 的过程中保持其身份和价值观不变，从而将所有利益相关者卷入变革中来。

愿景需要包含你对 AI 伦理层面的看法

尽管人们普遍对 AI 的潜力持乐观态度，但你必须意识到部署 AI 所需承担的责任。正如前文讨论过的，AI 系统经常出现偏见和错误，并且它们的决策过程往往像黑箱，其内部逻辑对人类来说是不可捉摸的。如果这些风险未得到妥善处理，可能会导致公司部署不可靠甚至有害的 AI 系统，损害组织声誉，并可能带来违法风险。随着公众对这些风险的认识加深，要求政府对 AI 进行规范和监管的呼声也日益高涨。作为深谙 AI 的领导者，你应该制定策略和治理流程，以超前的布局引领监管潮流，成为行业标杆。将伦理和社会影响纳入你的愿景，你将能够以诚信、远见和责任感引领组织的 AI 部署之旅。

下面这个例子特别关注 AI 系统的一个极其关键的风险：黑箱问题。

假设你是一家医疗保险公司的领导者，公司打算部署 AI 系统来预测潜在客户的风险概况以及对应的保险费率。这个 AI 系统的构建基于一个复杂的神经网络，该神经网络是使用大量历史客户的健康数据集训练而成的，因此其内部决策逻辑对你来说是一个黑箱。然而，正如 AI 专家所指出的，一些新兴的可解释性技术能够帮助你的团队理解 AI 是如何做出决策的。因此，你决定投资这些可解释性技术，以便公司的精算团队能够审查 AI 系统的决策过程，以确保决策的公平性和准确性。此外，如果任何潜在客户感觉受到了不公正对待（例如，保险费率高于他人），你的公司就能够向他们提供该决策过程的详细解释。这种透明性有助于重建客户信任，并在必要时防止法律诉讼的发生。

假如你所在公司的政策研究部门的同事指出，公司所在地区的政府监管机构正准备推出一系列新的监管政策，这些政策将确保受 AI 决策影响的个人有权获得解释。那么，你的公司提前适应这些潜在的监管要求，将是明智之举。然而，同样关键的是，需要界定谁拥有获取 AI 系统解释的权限。原因在于，如果这些解释信息被广泛公开，潜在客户可能会发现并利用系统的漏洞，使自己的健康风险看起来比实际的更低，以求获得更低的保险费率，导致你的公司利益受损。因此，除了引入可解释性技术，你还需要制定严格的数据管理和数据公开规则，确保只有经过授权的利益相关者才能访问 AI 系统的决策解释，以支持组织目标的实现。

实际上，在处理 AI 伦理问题时，你必须综合考虑众多复杂的技术、政策和监管因素。为了使你的愿景成为一个为所有利益相关者创造价值的整合性战略，你必须持续关注所部署的 AI 系统在伦理和社会层面的影响。

愿景需要彰显你在引领 AI 部署方面的灵活性

作为一位富有远见的领导者，你的角色不仅仅是在引入 AI 之初发表激动人心的演讲或制定一些计划和策略。当你将 AI 这一新兴、复杂且动态发展的技术引入组织时，你总是要面对不断演变的情况。新的挑战可能迅速浮现，同样，新的机遇也可能随之而来。为了有效应对这些挑战并抓住机遇，你需要将灵活性融入你的愿景中。

部署 AI 是一个不断试错的过程。举一个例子：如果你最初设定的绩效目标被员工认为不切实际或不合理，那么你就需要与他们合作，寻找一个所有利益相关者都能认同的新目标。同样，员工在初期可能对新引入的 AI 系统感到不适应，可能会发现他们的工作受到了 AI 干扰，工作效率不升反降。在 AI 部署的过程中，你最初的设想可能会遇到一些挑战，这正是你展现灵活性的时刻。敏捷的领导者需要保持灵活性和对反馈的快速响应，以便根据实际结果不断调整战略和方法。研究指出，那些能够预见技术变革带来的挑战，而且能以灵活方式应对的领导者，在数字化转型期间，他们在管理方面将表现得更为出色。[12]

至关重要的是，作为一位深谙 AI 的领导者，你不仅需要向员工提供明确的总体目标和清晰的预期结果，还必须给予团队在面对不切实际的目标时的调整自由度。回想本章前面提到的那家物流公司的领导者，她在阐述公司部署 AI 的愿景方面做得非常出色，但她也意识到在实施过程中难免会出现各种意外，因此要求整个组织在遇到这些问题时能够灵活应对。值得注意的是，这种灵活性并非事后才被提及，而是从一开始就被嵌入她的愿景内核之中。

再次强调，你需要构建一个引人注目的愿景，并以灵活的方式一以贯之。为此，你需要保持开放和好奇的心态，从不同的视角审视所面临的挑战，这样你才能发现持续前进的新途径，实现你部署 AI 的宏伟目标。

以 ChatGPT 等大语言模型近期的显著性能提升为例。尽管大语言模型技术已存在一段时间，但很少有人预见到它们竟然会成为企业部署 AI 的主流范式。而如今，大语言模型已经成为每个人都在谈论的热门话题。随着 AI 领域不断涌现新技术和新应用，你不能固守某类 AI 技术，而忽视该领域的新趋势和新进展。保持这种灵活性，你将能够抓住先机，在竞争中领先，并确保你所部署的 AI 系统与公司业务始终紧密关联，持续创造积极的影响力。

愿景需要表明你在部署 AI 方面的决策是经过深思熟虑的

想让人们相信你的愿景，这个愿景本身必须是可信的。为了建立这种可信度，你不仅需要展现你的技术水平，还要证明你的 AI 部署策略是经过深思熟虑的。你需要让人们确信，在部署 AI 的过程中，你知道自己在做什么，而且你所做的这一切都为了服务你的组织目标。

为提升自己的可信度，你必须从你要解决的业务问题入手，而不是从技术入手。其中一种可行的策略是，审视所有重复性的手工操作任务，并根据工作量或成本进行排序；针对这些问题，调查市场上有哪些 AI 解决方案可以应对。理想的情况是，你的 AI 投资应优先解决那些业务压力大、投入产出比高且易于操作的问题。至关重要的是，在将大量时间和资金投入资源密集的 AI 项目之前，你应始终遵循"业务问题导向"策略。这样的策略将使员工对你的 AI 部署愿景更有信心，因为组织是基于实际业务需求提出这一愿景的，而不是一时兴起追逐技术趋势。

此外，有远见卓识的领导者应具备自我批判能力，能够分析和总结需要进行哪些变革，以及如何将这些变革转化为具体的行动计划。为了实现愿景，领导者需要具备很强的预测未来情景的能力，并在转型过程中展现出丰富的想象力和创造力，以促进 AI 在组织中的广泛应用。实际上，在这一过程中，由于存在不可预见的挑战，计划和战略可能需要动态调整。因此，你需要保持开放和灵活的态度，以便随时优化行动方案。

最后，或许也是最关键的一点，作为一位富有远见的领导者，你应鼓励员工在与 AI 互动时保持审慎和批判态度。你必须亲自做出表率。当员工认为你拥有战略眼光、能够深度反思、深谙技术、思想开放且敏捷灵活时，他们将更有信心采用相同的思维方式与 AI 互动。你希望员工能够积极探寻当前 AI 部署策略的优化方法，并探索在整个组织内进一步扩大使用 AI 的机会。通过向员工展示你为公司引入 AI 的决策过程，你可以激励他们采取相同的审慎态度和批判思维，共同推动技术创新。

***

深谙 AI 的领导者在给员工讲故事时，会传达这样一个坚定信念：部署 AI 不仅将为组织带来显著益处，也将为那些共同推动这一变革的成员带来实质性的积极影响。为了让你的愿景声明充满力量，让人确信你作为领导者能够引领大家以恰当的方式使用 AI，所有利益相关者都必须能在你所讲的故事和部署的策略中找到自己的利益所在。在第 6 章中，我们将深入探讨考虑利益相关者利益的重要性，这是任何一位希望以富有远见且成功的方式在组织内部署 AI 的领导者都必须关注的核心议题。

第6章

平衡
部署 AI 时应考虑所有
利益相关者的利益

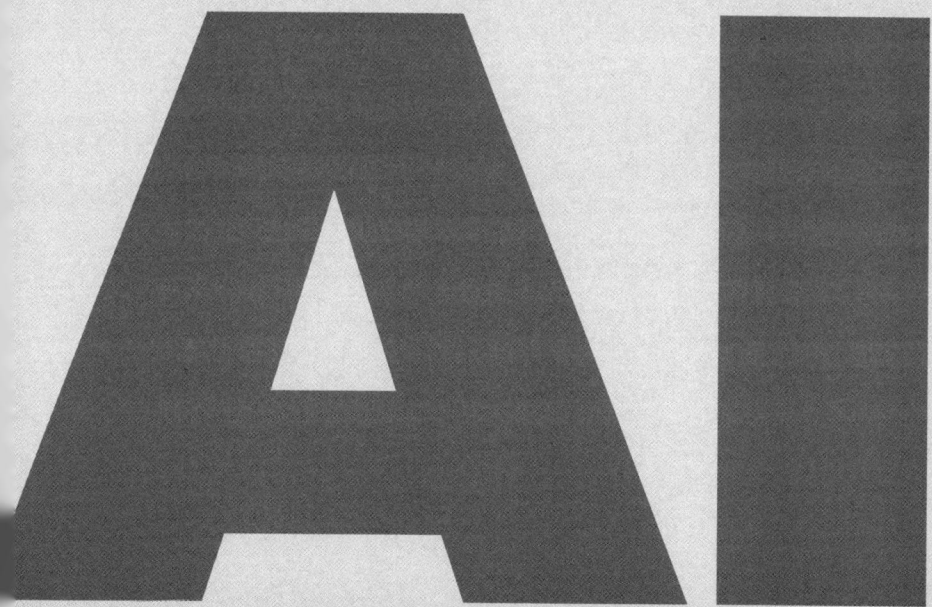

AI

"是时候加入 AI 的浪潮，让我们的团队拥抱智能化了！"

一位专业零售公司的 CEO 在与我交谈时如是说。尽管他对 AI 技术并不是非常熟悉，但他对于将这项技术引入公司充满热情。他认为，AI 技术能够助力组织显著改善客户关系管理。在他的设想中，客户能够在线浏览零售商的所有商品，并根据个人喜好做出个性化选择。在 IT 部门的协助下，他精心准备了一次汇报，向股东和董事会阐述投资 AI 的吸引力以及公司部署 AI 的迫切性——尤其是在竞争对手已经大规模部署 AI 技术、形成市场竞争新格局的当下。得益于 CEO 的人格魅力与超强说服力，这项提案迅速获得了股东和董事会的批准。人们对 AI 将推动公司再上一台阶寄予厚望。

然而，18 个月后，董事会叫停了该项目。主要原因是 AI 部署项目缺乏明确的目标，浪费了公司宝贵的资源，并且未能取得预期的成果。经过进一步调查，公司发现了导致这一结果的几个关键原因。第一，在项目启动阶段，AI 系统与员工日常工作的融合度非常低。IT 部门对业务部门的具体融合需求缺乏了解，这导致所部署的 AI 系统与公司现有的技术基础设施不兼容。而公司现有的技术基础设施需要全天候运行以服务客户，出现任何故障都可能导致严重后果。在这个竞争激烈的零售行业中，不佳的客户交互体验将直接影响销售额，同时会对品牌形象造成负面影响。第二，销售团队在 AI 部署方面的技能储备也未能跟上。公司在员工的 AI 培训和数字技能提升方面的投入严重不足，同时也未能及时招聘到具备所需专业知识的新人才。这些决策的失误导致了 AI 部署项目的透明度不足，进而导致了技术团队和销售团队之间缺乏有效的沟通。

因为对利益相关者的管理不足，所以 AI 系统的有效应用受到了制约。公司内部数据收集和共享的不充分，以及团队成员之间沟通的不顺畅，导致了训练 AI 模型所需的数据量严重不足。此外，数据处理团队对数据隐私保护的最佳实践方案重视度不够，导致公司在数据管理上违反了相关法律法规。毫不意外，这种内部管理的混乱直接导致了客户服务质量的下降。客户面对的是一个功能不完善的界面，而且在如何优化客户与 AI 的互动方面，他们的意见和需求也从未被征询过。这不仅影响了客户体验，也限制了 AI 系统在提升客户服务质量方面的潜力。

最终，由于 AI 项目的执行不力，CEO 面临着来自董事会和投资者的问责。他不得不承担该项目导致的一系列责任，包括员工流失率升高、客户忠诚度急剧下降，以及即将到来的监管处罚。他最初对 AI 的满腔热情已经消失殆尽。面对自己倾注心血却收效甚微的现实结果，他感到很失望，因此选择了辞职。

如果当初领导层能够与所有利益相关者进行深入而诚挚的沟通，这种糟糕的结局本可以避免。

深谙 AI 的领导者应当认识到，部署 AI 以推动业务发展将触及广泛的利益相关者的利益。所谓利益相关者，指的是那些可能受到 AI 决策影响的群体与个人。他们对组织实现目标起着至关重要的作用。典型的利益相关者包括员工、客户、监管机构、董事会、投资者、合作伙伴，有时甚至包括更广泛的社区乃至整个社会。因此，在部署 AI 时，你必须将这些利益相关者的利益纳入考量。当利益相关者感到他们的利益得到了尊重和保障时，他们就更有可能支持你的决策，这将有助于提升 AI 项目的成功率。[1] 在本章中，我们将深入探讨并阐释深谙 AI 的领导者会如何赢得利益相关者的支持。

领导者如何激发员工和客户拥抱 AI

一旦决定为组织引入 AI，领导者通常聚焦于项目的投资回报。他们认为，部署 AI 是为了提升组织的运作效率，最终目的是提高生产力和利润。然而，这种以投资回报为中心的狭隘视角可能造成领导者在 AI 项目的推进和整合过程中，对那些直接利益相关者（也就是员工和客户）的需求和反馈关注不足。

实际上，**在 AI 部署的过程中，员工和客户构成了最为关键的利益相关群体。**企业若缺少了他们，就难以正常运作；他们正是所谓的"积极参与的利益相关者"（active stakeholders）。[2] 接下来，我将具体阐述在部署 AI 时，哪些方面可能对员工和客户的利益产生显著的影响。

员工：AI 部署项目中的首要利益相关者

员工是 AI 部署项目中首先受到影响的利益相关者。AI 的引入不仅将影响他们日常的工作流程，也将重塑他们在组织决策过程中的参与模式（详见下方专栏"赢得员工支持"）。作为深谙 AI 的领导者，你有责任向员工清晰地阐释项目的目标和部署 AI 的战略意义。员工们必须理解组织部署 AI 的动机，以及 AI 技术将如何具体地影响他们的工作和职业发展。

赢得员工支持

作为一位深谙 AI 的领导者，你可以采取以下措施激励你的员工全力支持企业的 AI 部署工作：

- 明确展示 AI 部署项目是建立在对人的尊重之上的，并且承诺将始终遵循公平和体面对待的原则
- 清晰阐述 AI 部署会给员工带来哪些风险和收益
- 提供与员工的日常工作相关的 AI 应用示例和使用场景
- 倾听员工的疑虑、问题和建议，让他们感受到自己的声音被重视
- 定期向员工通报 AI 部署项目的最新进展，并主动征求他们的反馈意见，以促进持续的沟通和参与

随着 AI 技术的引入，对失业的担忧始终是员工群体最关心的问题之一。[3] 作为领导者，你不能忽略这种情绪。你需要确保员工明白，公司在部署 AI 时将遵循人权标准，确保公平和尊重。为此，你需要解释你的

AI 项目到底是做什么的。员工需要充分了解该项目对他们个人意味着什么。在这个过程中，精确和透明至关重要。你需要直接阐述员工在他们的工作中可能面临的风险和获得的收益。以曾与我交流过的一家咨询公司为例，负责 AI 部署的经理们向团队阐明了 AI 带来的益处。他们会通过 AI 获得大数据驱动决策的能力，在向董事会申请项目资金时使自己更具说服力——实际上，如果没有董事会的支持，这些项目团队也不可能建立起来。然而，这些经理们也坦诚地指出，算法在做决策时可能会不公平地优先考虑某些项目，例如，可能会偏袒那些容易被量化分析的项目，而忽视仅仅适合定性分析的项目。他们需要让员工意识到这种潜在的弊端。

当然，即使你大致描述了 AI 部署的好处和风险，你的员工可能仍然对使用 AI 感到不确定。因此，作为领导者，你应该以开放的心态倾听他们的疑虑和建议，并积极考虑他们的反馈意见。更重要的是，你需要展示出真正将员工的反馈意见融入 AI 部署项目优化的行动中来。比如，与我合作过的一家出租车公司的司机对订单分配算法的公平性产生了担忧。对此，该公司不仅认真评估了订单分配算法，还在一次全体员工大会上公开了相关数据，并共同探讨了改进方案。这种公开透明的响应机制减少了司机的顾虑，从而留住了许多司机——如果公司没有公开解决或不愿意根据司机的反馈意见调整算法，这些司机大概率会离开公司。

鉴于员工是 AI 部署项目中的第一批利益相关者，领导层应该尽早让他们参与到 AI 部署项目中来，以赢得他们的理解和支持。同时，领导层要定期向他们通报关于 AI 带来的机遇与挑战等信息，确保他们能够及时了解组织的最新动态。

客户：AI 潜在优势的首批受益者

客户是最先感受到 AI 如何改变企业服务和信息交流方式的关键利益相关者。因此，企业有责任向客户清晰地说明，在部署 AI 之后客户可以期待哪些具体的服务变化（详见下方专栏"赢得客户支持"）。在传达这些信息时，企业应该清楚地解释为何在客户关系界面引入 AI，以及客户能从这种技术革新中获得哪些具体的好处。同时，你需要认识到，客户可能已经习惯了以过往某种特定的方式与你的企业打交道。随着新技术的介入，他们可能会对自己与你的企业的关系感到不确定。

赢得客户支持

作为领导者，你在推动客户接受并支持 AI 部署时可能会遇到一些挑战。以下是一些步骤建议，帮助你应对常见的挑战：

- 助力客户为 AI 的到来做好准备
- 关注客户的需求，设计和开发人性化、用户界面友好的 AI 解决方案
- 定期收集客户的反馈意见，不断改进客户使用体验
- 在引导客户适应 AI 的过程中要保持耐心

例如，当一家小型新闻平台公司开始利用 AI 算法向用户推荐他们可能感兴趣的内容时，该公司也扩大了与更多广告商的合作。这一策略引发了用户的疑虑，他们不确定该平台采用 AI 技术是为了提升用户体验，还是仅仅为了满足广告商的利益诉求。当该公司注意到这种不满情绪导致不少用户取消会员续费时，它决定发起一次新的市场活动。在那次活动中，公司不但阐明了广告收入的增加将如何为平台带来了额外的收益，而且耐心解释了这些额外的收益是如何帮助降低会员年费的。为了具体展示这一点，公司向用户发出了一封详细的公开信，信中清晰地展示了多年来会员年费用逐年下降的情况，以及用户因 AI 技术而节省的费用。

确保客户不担忧 AI 可能损害他们利益的有效方法之一，是在 AI 的引入和规划设计阶段就充分理解并融入客户的需求。[4]实际上，研究指出，如果客户感觉到自己的需求在厂商规划 AI 系统时就被纳入决策考量，那么他们将会更加信任 AI 的引入。[5]

举个例子，我曾受邀为一家地方银行发表主题演讲。当时，该银行的领导层面临着巨大的压力，因为他们的主要竞争对手已经开始提供一些自动化金融服务，而他们自己对于如何推进 AI 部署项目还毫无头绪。这家银行一直自豪于即使在数字化时代，它依然能够为客户提供个性化服务，工作人员总是毫不犹豫地根据客户需求提供上门服务。银行领导层担心引入 AI 可能会导致一些客户有被银行遗弃的感觉，因为那些维系客户忠诚度的个人关系可能会因员工不再上门服务而消失。同时，他们也意识到，在竞争激烈的市场中，服务成本不断上升，自动化执行某些任务势在必行。因

此，在部署 AI 时，该银行将特定客户群体的关系需求作为规划设计阶段
的核心指导原则。该银行举办了客户专场信息发布会，积极征求客户的反
馈意见——了解如果银行启动自动化服务，需要满足哪些条件才能使客户
仍然感到被重视，愿意认可银行新服务的价值。这一策略被证明非常有效。
该银行不仅成功留住了现有客户，还吸引了不少新客户，因为客户们听说
这家银行真的非常注重与客户建立和维护个人关系。

随着 AI 的部署，客户对企业在服务和产品方面的预期也将发生改变。
因此，企业需要捕捉并理解这些变化的期望，并利用所获取的信息设计和
部署符合客户需求的 AI 解决方案。深入了解目标客户的核心关切，并邀请
他们参与到 AI 系统的设计过程中来，这将有助于企业收集到宝贵的反馈意
见，提高开发出直观且用户界面友好的 AI 解决方案的概率，从而提供更好
的用户体验。更好的用户体验也将促进企业内部的良性循环，它会激励员
工更加积极地应用 AI 技术，从而最终提升整个 AI 部署项目的成功率。

当然，设计一个用户界面友好的 AI 解决方案确实需要组织花费大量
时间。根据我的经验，大多数领导者认为他们没有这个时间，如前文所述，
他们更倾向于关注投资回报、效率提升和成本节约。在决定部署 AI 时，作
为领导者，你需要投入必要的时间、精力和资金来赢得各方利益相关者的
支持。但即便如此，公司的生意仍需正常开展，客户仍然期待能够继续享
受到与以往相同甚至质量更高的服务。客户不会接受任何因部署 AI 项目而
导致服务质量下降的借口。很多时候，一些公司急于推进 AI 部署项目，希
望直接套用现成的解决方案模板。结果通常是客户服务流程中的某些部分

实现了自动化，比如客户可以与智能聊天机器人进行互动。但是，当涉及将智能服务扩展到实际的产品交付时，因为 AI 技术并没有在整个组织中得到推广，所以就可能出现响应延误和服务水平下降的情况。

深谙 AI 的领导者会展现出足够的耐心，致力于打造一种既包容又高效的工作环境，这有助于公司成功引入并开发出能够提供优质客户体验的 AI 系统。在考虑任何尚处于试点阶段的 AI 部署项目之前，我建议你认真遵循以上步骤。不少领导者将 AI 部署视为一场与时间的赛跑，他们急于通过自动化手段迅速降低运营成本，却忽视了对客户需求的深度考量，匆忙推出一个不够成熟的 AI 解决方案。这种做法很可能导致 AI 部署项目失败，让许多感到失望的客户转而投向竞争对手，以寻求更令自己满意的服务。将 AI 部署看作一场赛跑的想法在追求快速增长的企业中尤为常见。以特斯拉为例，该公司曾决定在其美国加利福尼亚州装配厂实施"机器换人"策略，目的是提高生产效率和降低成本。然而，这一急促而激进的变革导致了生产线的全面停滞，原因是机器出现了大量故障和错误。事后，特斯拉的 CEO 埃隆·马斯克承认了自己的决策失误。如果他当初能更周全地考虑全面自动化的后果，预见到可能出现的问题以及这些问题将如何影响自动化进程，结果可能会大不相同。

遗憾的是，到目前为止，众多公司似乎未能吸取特斯拉的教训，依然急于将尚未成熟的技术推向市场。[6]美国麻省理工学院的教授达龙·阿西莫格鲁（Daron Acemoglu）和波士顿大学的教授帕斯夸尔·雷斯特雷波（Pascual Restrepo）将这类技术称为"平庸的技术"（so-so technologies）。麻省理工学院新闻撰稿人萨拉·布朗（Sara Brown）进一步阐释说，这些技术"扰乱了就业市场且取代了人工岗位，但并未显著提升生产力或服务质量，例如杂货店的自助结账机或自动电话客服系统"。虽然借助这种策略，企业很可能迅速获得"AI 驱动型组织"的美誉，但你必须警惕，从长远来看，这种以牺牲服务质量为代价的策略肯定会对企业产生负面影响。

AI 能顾及利益相关者的利益吗

近来，人们越来越认识到 AI 的一个显著优势在于其管理利益相关者的能力。人们提出这一观点的理由是，类似 ChatGPT 的 AI 系统能够处理庞大的数据集，并且相较于人类，能够以更快、更准确的方式进行数据分析。此外，通过运用可解释性技术，对 AI 给出的决策结果做出清晰的解释组织也可以公开透明地进行数据分析，进而提高决策质量。那么，为何不在重要的商业决策中让 AI 辅助你，以确保利益相关者的利益得到全面考量呢？这一想法并非概念上的构想，而是已经在实际操作中得到应用的。以中国香港的风险投资公司"深度知识创业"（Deep Knowledge Ventures）为例，该公司开创性地委任了一个 AI 机器人加入其董事会。[7] 这个名为"Vital"的 AI 机器人在公司中拥有重要地位，公司管理层和投资经理在未征询 Vital 的意见之前，不会轻率地做出任何关键的投资决策。

深谙 AI 的领导者是否应该将管理利益相关者利益的部分工作交给 AI 系

统来执行？要回答这一问题，关键在于确认 AI 是否能够充分理解决策背后的复杂情境。在做决策时，人类的利益相关者会综合考虑个人需求、期望、顾虑以及反馈意见等多重因素。因此，在部署 AI 以进行利益相关者管理时，关键在于确认 AI 是否能够洞察并理解利益相关者的需求和期望。我们必须扪心自问：AI 是否真正具备这种深层次的理解能力？在我看来，AI 在这方面的能力可能还有所不足。

AI 无法领会"人类"这个词所承载的深层意义。既然它无法感受或理解人类的体验与意义，自然就无法真正关心人类利益相关者的需求与期望。[8] 实际上，AI 不会关心我们明天是否会离开这个世界，因为它本质上就不具备我们所说的"关心"（care）的能力。对于 AI 而言，人类利益相关者仅仅是数据点的集合；而且由于缺乏共情，AI 认为这些数据点是冷冰冰的、不带情感的。这意味着 AI 无法完全理解客户的期望对企业长远发展的影响，也无法进行带有批判性和反思性的深层次思考，以全面顾及利益相关者的各种利益诉求。

让我们一起来看一个案例。2018 年，斯坦福大学计算机科学系的阿南德·阿瓦蒂（Anand Avati）与医学院团队携手，研发了一种 AI 算法，该算法能够预测重症患者的临终时间。[9] 这项研究依托深度神经网络技术，依据海量的医院医疗电子病历数据进行训练，构建出了一个预测模型。研究结果显示，该算法能够提前 12 个月以 90% 的准确率预测患者生命终结的时间点。该算法主要优化了由各种原因引起的对死亡时间的不准确预测，可以作为姑息治疗的一个参考指标。肿瘤医学专家和护理人员可以利用这一算法，决定是将重症患者转介至姑息治疗，还是继续进行积极治疗。采用这种算法的动因之一是经济层面考量。以往，肿瘤医学专家往往对继续化疗做出过于乐观的预测，虽然其出发点是尽可能延长患者生命，但这种治疗方法也被人们普遍认为过于昂贵。深度神经网络技术支持的姑息治疗算法旨在识别出那些治疗成本超出收益的情况，并建议停止进一步化疗。通过 AI 预测患者可能的死亡时间，医生可以更有信心地向患者提出接受姑息治疗的建议。

我深信，对于许多重症患者而言，他们愿意倾听肿瘤医学专家的建议，接受姑息治疗。但同时，也有些患者可能持有不同意见，他们不希望放弃化疗。研究证实了后者的看法。在决定提供何种治疗方法时，患者的心理状态至关重要，因为它极大地影响着他们对治疗的响应度。[10] 实际上，根据患者的直觉和想法进行治疗，往往能让患者活得更久一些。然而，AI 对患者的这种心理一无所知。作为一个缺乏情感的决策工具，AI 很容易忽视利益相关者的诉求。在这种情况下，利益相关者就是正在饱受折磨的患者。有报告指出，面对不利预后，很多患者更倾向于选择更积极的治疗方式，如重症监护、插管和静脉输液，而不是选择姑息治疗。但如果 AI 成为我们决策的依据，那么一个渴望继续接受积极治疗的患者如何说服这个没有情感的工具呢？ AI 无法进行临终关怀对话，无法理解人们的复杂情感——即使面对严重不利的预后，他们仍选择承受痛苦的治疗，那么你该如何让它尊重患者的意愿呢？

如果我们完全依赖 AI 来考虑人类利益相关者的利益，那么人类利益相关者所面临的潜在风险远不止于此。实际上，由于 AI 并不理解人类的情感，它无法真正识别什么对人类是重要和有意义的。因此，如果你作为企业领导者简单地将利益相关者的管理视为数据管理，并将其完全交给 AI，那么 AI 损害利益相关者利益的风险将会急剧上升。以 Therac-25 为例，这是一个用于癌症治疗的计算机控制放射疗法设备。[11] 在正常情况下，技术人员会做出决策，并将执行过程完全交给机器。但如果技术人员发现机器的决策可能侵犯了患者的利益，他们有责任介入并推翻机器的决策。康奈尔大学纽约校区的教授海伦·尼森鲍姆（Helen Nissenbaum）在她的深刻且引人深思的报告中描述了这样一个案例：由于技术人员未能及时接管 Therac-25，导致患者接受了过量的辐射并在极度痛苦中呼救。[12] 即便患者明显在承受剧烈的疼痛，技术人员却依然错误地认为辐射不可能烧伤患者。

这场悲剧是如何酿成的？技术人员认为，Therac-25 所搭载的高级软件系统在故障检测方面的能力超越了人类。在事后的证词中，技术人员辩称，他们对于 Therac-25 的软件系统可能出现的故障并未上心的一个关键原因是，机器曾向他们保证"对患者过量辐射的可能性微乎其微"。医疗机构将患者护理任务委派给 AI 的做法，使技术人员逐渐形成了一种"计算机比人类更懂患者"的观念。不幸的是，这种观念最终导致了技术人员的疏忽和不作为。

在引入 AI 进行利益相关者管理时，你需要采取审慎的思维方式，以下是我的一些建议。

第一，要认识到 AI 并不是一个能够自动将利益相关者的利益置于核心

位置的技术工具。这种技术工具的处理方式本质上仍然受限于将利益相关者简化为数据点。特别是在组织中广泛使用的"有监督的机器学习模型"，它通常将观测值回归到平均值并忽略异常值来进行预测。这导致 AI 在处理个体需求时，往往会因依赖群体的平均特征而无法精确捕捉到特定个体的独特需求。假如你恰好在数据分析中属于一位非典型的客户（或非典型的患者），那么 AI 对你的服务可能会与你的实际偏好和需求相差甚远。

　　第二，我们必须认识到人类与 AI 在处理利益相关者问题时的根本区别。人类不会像 AI 那样简单地将利益相关者视为抽象的数据点。作为领导者，你应该清晰地意识到，人类智能与人工智能在本质上是不同的。AI 之所以被认为具有智能，是因为它能够从数据中学习并推断趋势，这些能力让它能够基于已知信息做出决策。然而，当你的公司部署 AI 以提升绩效和促进创新时，你在做决策时所需要的输入信息就不仅仅局限于已知的信息。比如，当你希望将一个新想法或新产品推向市场时，你需要的不仅仅是市场上人尽皆知的信息。为了应对这一挑战，你需要的是人类智能（而不是人工智能），它不仅包括想象力、预测力，还有洞察利益相关者当前需求背后本质的能力。

　　第三，你必须时刻提醒自己，如果将某些利益相关者管理工作交由 AI 处理主要出于财务考虑，那么这种做法很可能会对这些利益相关者的利益造成损害。诚然，企业做出的大多数决策都基于财务考量，这本身并没有错，但在做出财务决策的同时，我们必须深思熟虑，考虑这些决策将如何影响利益相关者的利益。这种权衡并不容易。尤其是，当 AI 部署项目需要大量资金支持时，这种权衡就变得更加困难。实际上，研究已经表明，**当决策越倾向于财务驱动时，决策者往往越不可能做出负责任的选择。**[13] 一个典型的例子是，当 Facebook 面临清理平台上虚假信息的紧急要求时，这种心态显然在起作用。尽管社会和政府强烈要求 Facebook 采取措施，但大众没有看到 Facebook 采取了任何实质性行动。据曾任 Facebook 的 "负责任人工智能团队" 负责人的杰奎因·奎诺内罗·坎德拉（Joaquin Quiñonero Candela）事后透露，公司当时有意放慢了处理虚假信息的脚步，因为担心这会影响公司的市场份额增长战略。

第四，始终将利益相关者的利益放在首位。致力于识别所有可能受到 AI 部署影响的利益相关者，明确他们的利益点，以及你的 AI 部署决策可能对他们产生什么样的影响。要完成这一过程，你需要从两方面进行思考。一方面，考虑如何在部署 AI 时避免损害已识别的利益相关者的利益；另一方面，深入思考如何通过 AI 来增加这些利益相关者的利益。通过使用这种双管齐下的方法，你在推进 AI 部署项目的过程中，不仅能够有效降低潜在风险，还能让 AI 为利益相关者带来最大的利益。

社会：部署 AI 时常被忽略的利益相关者

作为一位深谙 AI 的领导者，你有能力识别所有与 AI 部署决策有关的利益相关者。乍一看，这似乎是一项很简单的事，但实际上，许多企业领导者主要将注意力集中在那些直接受到 AI 部署决策影响的利益相关者身上，也就是员工和客户。然而，他们往往忽略了一个至关重要的利益相关者：社会。

AI 部署决策可能会对不同社会群体产生不同程度的影响。以波士顿校车调度系统为例，该系统直接影响了众多家长的利益。故事是这样的：麻省理工学院的两名毕业生开发了一种算法，通过重新规划波士顿地区数百辆校车的路线、调整孩子们的上学时间，以期减少超过 1 亿美元的交通开支。这一算法的实施导致高中生的上学时间延后，而小学生和初中生的上学时间提前，造成了早晨 7:15—9:30 的托儿服务空当期。在这个时间段内，一些孩子还在家中，而另一些孩子已经到达学校。这迫使部分家长不得不对自己的工作时间做出重大调整，甚至不得不寻找新的工作机会以方便送孩子上学。家长们的不满情绪高涨，他们通过签署在线请愿书和投诉学校等方式来表达抗议。新调度系统引发了家长们的强烈反对，最终这成为时任市长马蒂·沃尔什（Marty Walsh）所面临的重大危机之一。面对这一局面，波士顿市最终决定放弃该计划。

对社会这一利益相关者的忽视揭示了一个关键观点：在考虑 AI 部署时，我们不能仅仅关注那些短期内会受到影响的群体。同样重要的是，识别那些会受到间接或长期影响的利益相关者。因此，一个明智的领导者必须认识到，AI 部署决策往往伴随着复杂的权衡。你需要在追求长期利益与短期利益、公司利益与社会利益之间找到微妙的平衡。

在这方面，你必须做一个负责任、有道德意识的企业领导者。如今，公司的声誉与其领导者的诚信密切相关。随着企业引入 AI，公众期望领导者对 AI 的伦理道德问题给予更多关注，并警惕 AI 可能引发的社会风险。[14] 作为深谙 AI 的领导者，你需要时刻提醒自己，在部署 AI 时应避免 AI 导致不道德的结果或产生歧视性行为。这方面的例子比比皆是。例如本书第 1 章提到的亚马逊的招聘算法被发现存在性别偏见，以及英国尝试过使用一个算法模型减少学生成绩评定中的偏见，却意外导致来自贫困学校和社区的学生受到不公平对待。[15]①

决定部署 AI 之后，作为企业领导者，你将立即面临一个紧迫的道德挑战：如何与担心失业的员工沟通并给予他们适当的回应。在追求效率和自动化的压力下，裁员和提升自动化水平已成为不可回避的议题。实际上，当前的调查已经显示，许多组织预期自动化技术能将员工的工作效率提升30% ~ 40%（从理论上来说，员工人数可以按相应比例下降）。[16] 面对这样的预期，你可能会本能地倾向于保障对 AI 的投资，并将客户视为最重要的利益相关者。在转向自动化服务的过程中，你自然会希望保持客户的忠诚度。

然而，作为一个对 AI 和商业都有深刻洞察的领导者，你需要寻找一个

---

① 在 2020 年，英国众多学生无法参加传统的线下考试。面对这一挑战，英国政府的教育监管机构（Ofqual）引入了一个算法模型来预测学生的考试成绩。然而，该算法依据学校历史成绩的分布来确定学生的最终成绩，这导致了普通学校中成绩优秀的学生的成绩被低估，而顶尖学校中成绩一般的学生却获得了更高的成绩。这种偏向性使得历史上成绩优异的学校获得了不公正的优势，同时使来自贫困学校和社区学校的学生遭受了不平等的对待。这一做法激起了公众的广泛抗议和学生的大规模示威，最终迫使英国政府放弃了算法生成的成绩，转而依据教师对学生表现的预估来评定成绩。——译者注

平衡点，使企业既能维持财务健康，又能对直接利益相关者及社会整体保持公平与道德。你必须深思熟虑，AI 部署导致的工作岗位减少将对社会产生哪些负面影响。你应该从一个更广泛的社会视角出发，明确自己的责任，而非仅仅局限于考虑 AI 会对客户产生什么影响，这是当前所有利益相关者期望企业领导者所展现的领导力。作为领导者，你的投资决策权衡不仅要基于 AI 对客户的好处，更要建立在对整个社会影响的深入理解之上。

一个值得借鉴的方法是学习 Hugging Face（抱抱脸）的实践，它是一个由法裔美国人创立的著名人工智能开源平台。Hugging Face 的 AI 伦理小组规模庞大、目标专一且资源丰富，汇集了技术、法律、哲学和商业等多个领域的专家。这个小组被授予广泛的权力，能够对公司的众多 AI 服务产品进行有效的监管和干预。[17] 小组成员分布在公司的各个部门，他们相信让所有相关方共同承担责任、遵守承诺，并承认和理解公司工作中的道德风险至关重要。在一些极端情况下，如果伦理影响评估指出，某项目可能造成重大且实质性的伦理损害，那么 AI 伦理小组有权联合起来要求暂停或终止该项目。而在大多数情况下，该小组致力于协助公司各部门的项目团队识别和应对潜在的 AI 伦理风险。

当前，企业领导者越来越多地被邀请参与公共讨论，分享他们对于企业在使用 AI 时所应承担责任的看法。如果你所在的企业在部署 AI 的过程中对许多人的就业造成了负面影响，那么你需要明确表达你的企业将如何应对由此引发的失业问题及其带来的社会压力。

在这方面，企业领导者将面临一个棘手的问题：**那些积极推行"机器**

换人"策略的组织，是否应该向社会缴纳更多的税？从社会伦理的角度来看，企业不能仅仅追求 AI 给自己带来的利益，却将自动化导致的就业问题转嫁给社会。因此，许多企业领导者已经开始在这一议题上明确表态。例如，微软的创始人比尔·盖茨就支持企业在实现自动化时，应缴纳相应的、额外的税款。一些政府，如韩国政府，已经开始减少对企业"机器换人"策略的激励。韩国政府的这一做法是基于充分考量的。根据麻省理工学院的教授阿诺德·科斯蒂诺（Arnaud Costinot）和伊万·韦宁（Iván Werning）的研究，对机器人征税确实能够产生一定的影响，尽管这种影响可能并不显著。[18] 他们的研究指出，企业逐步增加机器人的使用确实可能加剧美国的收入不平等状况，而适度地对机器人征税能够帮助缓解这种不平等现象。

＊＊＊

在部署 AI 的过程中，深谙 AI 的领导者必须深刻理解、识别并预判 AI 的使用对所有利益相关者可能产生的影响。这要求作为领导者的你站在每个利益相关者的立场上思考，并以负责任的行为准则来指导自己的行动，以最大限度地保护和增加他们的利益。当你将 AI 部署视为一种以人为本的策略时，你在推进 AI 部署项目实施的过程中将更容易采取道德和负责任的方法。在第 7 章中，我们将细致探讨何为"以人为本"的 AI 部署策略。

第 7 章

共情
以人为本的 AI 部署策略

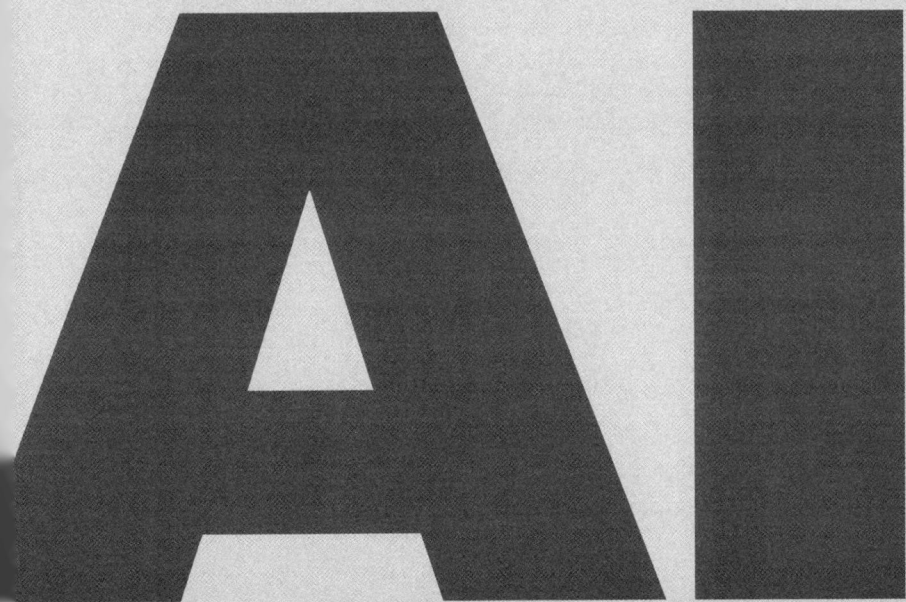

AI

　　我曾与一位企业高级管理者交流，他所在的公司当时正在开展数字化转型。我询问他，他的公司对 AI 的应用是否做到了"以人为本"。他毫不犹豫地肯定了这一点。然而，他稍显迟疑地补充说："但 AI 系统的最终用户不都是人吗？如果真是这样，那么使用 AI 不就自然而然地以人为本了吗？"

　　你可能会认为这位高级管理者的观点颇有道理。毕竟，公司是由人组成的，我们部署 AI 也是为了服务人，因此 AI 的使用似乎理应以人为本，不是吗？然而，事实并非总是如此简单。如果领导者没有深入思考并采取真正的以人为本的 AI 部署策略，那么他们就不能算是真正深谙 AI 的领导者。

　　以人为本的 AI 应用，涉及面非常广。[1] 它要求你以一种负责任和适应性强的方式部署 AI。这样的部署旨在全面提升人们的绩效以及工作和生活体验。这不仅关乎提高效率，更关乎增强员工的幸福感、自信心以及对工作的掌控感。通过采取以人为本的方法，你推动 AI 的应用旨在辅助员工完成工作，而不是让 AI 取代员工。[2]

　　刚刚我已经详细解释了这一切，那么请你再次问问自己：你公司对 AI 的应用是以人为本的吗？

为了更清晰地阐述这一概念，我们来看一个实例。我认识的一位 CTO 正急切地希望将 AI 技术融入公司运营中。他首先决定使用 AI 算法来监控报表编制部门的工作，该部门经常要编制一些关键报表，比如评估新营销活动的效果、销售数据和交货周期等。他坚信，信息在公司内的流通不仅要畅通无阻，而且流通的速度越快越好。在他看来，传统的报表编制部门在效率上有所欠缺，而 AI 算法的引入，将助力该部门提供更为精准的报告，从而提升公司的整体运营效率。

不久之后，基于这个想法，这位 CTO 为公司引入了一种 AI 算法，用以监控报表编制部门的工作进度。该算法依据员工过往的表现，动态调整他们的目标，包括报告的输出周期和服务质量。此外，算法还能指出哪些经理手下的哪些员工的表现未达到平均水平。

然而，过了一段时间，评估结果显示，该部门并没有取得引入 AI 算法的预期成果。相反，员工的工作产出在质量上明显参差不齐。尽管公司设定的可靠性标准已被纳入算法之中，但报告的质量仍然常常无法达到这些标准。

让机器监督员工却适得其反。员工们感受到了巨大的压力，他们必须始终保持最佳状态以完成任务。由于缺乏对自己工作流程的控制感，他们感觉自己被当作机器一般对待。这种情绪导致他们在工作中的错误率上升，在精神上也显得疲惫不堪，他们渴望获得更多更长的休息时间，以逃避那些看起来很不切实际的高效率要求。于是，员工的缺勤率急剧上升，人员流失率也显著增加。

在这种背景下，我被邀请来到这家公司进行调研。CTO 希望我能够就一个问题进行诊断：既然 AI 算法提供了清晰的数据和目标指导，那么为何员工的工作效率反而越来越低？然而，我没有立即建议对算法进行优化。相反，我首先与 CTO 展开了关于人类行为的讨论。我向他阐释，员工的心情可能在某一天很好，而在另一天则可能不好，这是非常自然的现象。情绪的高低起伏不仅是正常的，而且这种差异实际上能够激发员工的创造力，促使他们反思和学习，以便在未来做得更好。此外，一个组织对个体差异的包容能够让员工感到更加安心、放松，并全身心投入工作，他们知道公司理解他们作为"人类"，犯错在所难免。

人类的行为不可能总是一成不变的，当算法要求他们适应不断加快的工作节奏时，他们自然会感受到压力。因此，领导者应该给予员工适当的休息时间，或者更进一步，允许员工根据自己的需要自主决定什么时候休息。这样，他们可以进行"反思性拖延"（reflective procrastination）。这种拖延并非出于懒惰或效率低下，而是员工在必要时停下来，从不同角度审视自己工作的一种方式。研究表明，适当的休息时间有时能够带来更好的工作成果，因为它允许人们进行更多的发散性思考，从而激发创造力。[3] 因此，有时放慢工作节奏，给予员工更多的自主性和休息时间，反而能够激发他们更好的表现，而不是让他们在 AI 算法的监督压力之下对工作应付了事。

几个月后，CTO 再次联系我，分享了他的决定：他采纳了我的建议并对 AI 算法进行了调整，以更好地适应员工的行为差异。现在，他们的算法会考虑员工的某些倾向，比如个人对任务截止日期的不同反应—— 一些人可能需要截止日期的压力来激发动力，而另一些人则可能对此感到畏惧。此外，算法还为那些在生活中遇到挑战的员工，比如经历离婚或亲人去世的员工，提供了重新设定工作节奏的弹性空间。另外，AI 通过线上和线下的冥想课程，帮助员工保持心理健康。人力资源部门负责收集这些课程的数据，并与已受影响的员工进行坦诚沟通。

这些调整显然取得了成效。与最初引入 AI 算法时相比，现在报表编制部门的报表不仅输出得更快，准确性也更高。更重要的是，所有这些成效都是在尊重员工的基础上实现的。员工现在能够为算法设定的工作节奏提供反馈。如果算法给出的目标过于苛刻，员工可以输入自己的生活状况信息，以便算法能够灵活调整工作节奏。

如果你在 AI 部署上遇到挫折，请记住，这往往不是技术的问题，很可能是在这一过程中对人的关怀不够所致。为了避免 AI 部署的失败，以及由此带来的"将员工视作机器"的负面行业声誉，你需要掌握以人为本的 AI 部署策略。在本章中，我将探讨为什么这种策略往往不在领导者的考虑范围之内，并指导你开发出适合自己的以人为本的 AI 部署策略。

人类对工作意义的渴望

企业领导者在做出重大决策时，往往会权衡各种方案，以确定哪种方案能够最大限度地提升股东利润、生产力或效率。在部署 AI 时，他们同样遵循这一逻辑——追求经济效益最大化。然而，这种决策过程往往建立在一个假设之上，即员工是完全理性的行动者——他们的唯一动机是提升效率和生产率，且愿意像机器一样工作。

然而，人类并不是完全理性的行动者。人们不仅会在效率和生产力的驱动下采取行动，还会从更多其他来源寻求满足和乐趣。人们接触到了提高效率的方法，并不意味着这会自动转化为工作绩效的提升。人类在工作中寻求的，不仅仅是更高效或更多产，还包括渴望发现工作能够带来内在的动机和深远的意义。实际上，工作动机可能源自对尊重、信任、包容的需求，以及对道德感和好奇心的满足。

在许多层面上，对于深谙 AI 的领导者而言，最具挑战性的任务并非解决技术难题，而是培养对员工的共情。然而，似乎很少有领导者理解这一点。我曾在一家公司担任常年顾问，该公司举办了一次研讨会，我也应邀出席。在这次研讨会上，该公司的客户代表向客户展示了公司提供的自动化服务的众多优势。这位演讲者在演讲过程中详尽地介绍了 AI 的技术细节，意在给听众留下深刻印象。然而，直到讲到最后一页 PPT，他才匆匆提及企业文化对员工积极性的影响。

演讲结束后，我向那位演讲者提出了一个问题：如果公司能够培养一种鼓励员工学习、尝试 AI 技术，并在 AI 技术的应用中找到自身意义的企业文化，AI 是否会为公司带来更多的益处？对此，他给出了肯定的答案。我继续追问，如果他在演讲中几乎没有强调建立这种企业文化的重要性，那么 AI 所带来的益处（例如，提高效率和生产力）又如何帮助客户推进 AI

的应用？他简洁地回答："归根结底，这还是技术问题，不是吗？因为 AI 将决定你的公司是否成功，所以我在会议上主要讨论的是技术。"

尽管并非所有商界人士都持有和这位演讲者一样极端的观点，但我们仍需正视一个不容忽视的事实：如果不以人为本，AI 的部署很可能无法带来企业领导者所期望的巨大成功。深谙 AI 的领导者明白，仅仅为了效率提升和利润最大化而部署 AI 并不是最佳选择。如果你希望你的公司取得真正成功，这两个理由显然是不充分的。

以人为本的方法为何行之有效

效率并不代表一切

如果你将提升效率作为唯一的追求，这可能会极大地限制你的组织的潜力。你将不会激励员工和其他领导者去积极探索如何应对业务的新挑战，而会选择直接将这个工作交给 AI。这样一来，你可能会过度依赖 AI 生成的最优预测来应对环境的变化。这种数据驱动的策略，只有在商业环境稳定且可预测时才真正有效，[4] 但众所周知，这样理想的环境并不常见。由于市场和行业的持续变化，即便有了 AI 的帮助，企业仍然需要独特的人类技能来推动组织以灵活且富有创造性的方式前进。这些富有创造性的方式有时可能会偏离 AI 的最佳预测模型。

然而，如果你部署 AI 的主要驱动力是追求利润和效率的最大化，那么你可能在无意中营造出一种氛围，让人们感到有压力，不得不与机器的决策方式对齐。这种氛围忽略了对人的尊重，最终可能对你产生不利影响。这种策略的负面影响包括：人们沦为机器的奴隶；员工流失率上升，创新能力减弱；公司的市场声誉受损，优秀人才对加入你的公司持观望态度。

采用以人为本的方式来引入 AI，意味着要尊重员工，确保在组织中合理、公正地使用 AI。人们关心自己是否得到公正对待，他们认为负责任、合乎道德地使用技术，对于维护组织的宗旨和身份认同至关重要（详见第 3 章和第 6 章）。在追求通过 AI 获得利润的过程中，你将不断遇到道德挑战：是选择对公司有利的方案，还是选择可能限制自身收益，但对其他利益相关方有利的方案？你需要做出权衡。

例如，在 AI 部署的初期，如果你的员工目前的技能水平不足以跟上 AI 技术的发展，你可能会遇到这样的决策难题：是解雇那些尚未掌握数字技能的员工，还是投入大量资金来培训他们，让他们能够继续留在公司？从成本效益的角度来看，裁员并重新招聘似乎是一个更快速且经济的选择，这样可以加速 AI 部署项目的推进。然而，选择培训现有员工则是一种以人为本的方法，这种方法考虑了 AI 对员工个人生活的影响，并有助于维护公司作为负责任雇主的声誉。

像重视利润一样重视员工

如果你只将利润作为唯一的关注点，那么你可能会认为只需对股东负责，而对员工的关心相对较少，员工对你来说只是实现利润最大化的工具。然而，我们也知道，企业对员工、社会以及其他利益相关者都要担负道德责任（详见第 6 章）。2019 年，在摩根大通的 CEO 杰米·戴蒙（Jamie Dimon）主持的商业圆桌会议上，美国许多知名大型企业的领导者达成了共识：今后，企业决策不仅要考虑股东利益，还要考虑其他所有利益相关者的利益[5]。

AI 时代，企业需要将对员工的尊重置于中心位置，或至少认为其重要性与追求利润的责任相等。深谙 AI 的领导者不会简单地要求员工依赖 AI 系统并机械地遵循其指令。例如，欧盟推出的有关 AI 的法规强调了人权的重要性，并明确要求在 AI 的使用过程中必须公平和人道地对待人们。[6] 美国白宫发布的《人工智能权利法案》也提出了类似的要求。[7] 在部署 AI 时，你有责任以人道的方式对待你的员工。这种对待方式要求组织采用以人为本的 AI 部署方法，它旨在改善而非损害人类的生存环境。

例如，当一家地方出租车公司决定集中管理客户的电话叫车服务时，它引入了一个算法来计算并决定每位司机应接收的信息。公司的 CEO 向司机们解释说，采用 AI 的目的是提高他们的工作效率，并尽可能增加他们能够服务的客户数量。然而，在 AI 项目启动几周后，我与几位司机进行了交谈。他们普遍感到自己对工作的控制权被削弱。他们觉得受到了公司的过度监控，并且认为算法的使用限制了他们的自由，剥夺了他们根据直觉行事的能力，而他们认为这种直觉对于提升客户体验至关重要。他们感觉自己被当作机器一样对待。

与司机交谈结束后，过了几个月，我再次与那家出租车公司的 CEO 会面，得知他正考虑调整或完全放弃使用算法，因为司机流失问题日益严重。他无奈地说："他们来了，但很快就离开了。我需要采取一些措施，但应该采取什么措施呢？"

我建议他不要完全放弃算法。我坚信，如果正确使用，AI 能够帮助公司更高效地调度司机，并最终为他的业务带来更多利润。但我补充说，只有当司机对自己的工作有一定的控制权时，算法才能真正发挥作用。我建议他定期举行反馈会议，针对如何使用算法，收集司机们的意见和建议，并允许司机根据自己的需要选择休息时间，而不是由算法计算出他们什么时候需要休息。

作为一位深谙 AI 的领导者，你不能只看到 AI 的效率优势，而忽视员工的感受和需求，把他们视为执行任务的工具。你需要认识到员工为 AI 部署带来的独特价值，并有意识地放大这些价值，以体现你对他们作为"人"的基本尊重。这样，员工会产生更强的自我价值感，对 AI 的抵触情绪也会减少，工作效率和利润也会随之提高。

AI 服务人类，而不是取代人类

组织部署 AI 的正确目标，应该是增强而非削弱组织中的人性元素。唯有如此，组织才能在创新和效率方面更上一层楼，为所有利益相关者创造更多价值。因此，作为一位以人为本、深谙 AI 的领导者，你需要推动一种人机协作的工作方式，确保 AI 在尊重员工的认知能力的前提下与他们互动，而不是迫使他们屈服于机器。这样，企业才能获得更好的业绩和更高的生产力。AI 的部署和应用需要充分考虑人类行为，包括其非理性行为和个性化习惯。

如果 AI 能够基于人类的行为习惯进行即时调整，那么员工在使用这个工具时将获得更加流畅的体验，并且会将其视为一个友好的、协作性强的工作伙伴。以美国西北大学的扬·范·米格姆（Jan Van Mieghem）教授及其团队的研究为例，他们深入研究了阿里巴巴物流部门的订单履行流程。[8]

这些研究者探索了一个问题：应用传统优化算法来指导装箱操作（也就是告诉工人哪些物品需要装箱、按照何种顺序装箱，以及装进什么规格的箱子），是否能够提高箱子空间的使用率。米格姆教授和同事们发现，工人们在处理装箱任务时，大约超过 5.8% 的任务会偏离算法推荐的装箱方案，他们倾向于选择比算法建议的箱号更大的箱子。原本旨在提升工人效率的算法，并没有达到预测模型的预期效果，主要原因是人们往往不会严格遵循任何优化模型。然而，研究人员加入了一个实验条件，允许工人们根据自己的偏好（比如，使用更大的箱子）来调整算法。当这种尊重工人意见的装箱算法被投入使用时，结果出乎意料——仅仅通过预测并考虑人类行为自主性，这种以人为本的 AI 算法就显著减少了工人们偏离模型的情况，并且有效地提升了他们的整体工作绩效（即，装箱的平均时间减少了）。

最近，我还参观了一家迅速崛起的国际制造企业。随着新客户的激增，该公司不仅实现了客户购买流程的自动化，还成功进军电子商务领域。其国际客户群迅速壮大的一个关键因素在于，公司能够为产品提供许多独特的定制选项，这是其竞争对手所不具备的。虽然这种个性化服务在促销方面极具吸引力，但也带来两个挑战。第一，虽然对该系统比较熟悉的客户特别喜欢这些个性化的定制选项，但普通客户在面对众多选择时往往会感到迷茫，难以抉择。第二，个性化的定制选项也增加了公司管理成本，因为每个客户的订单都需要人工审核和确认，以记录他们的定制需求。

为了解决这些问题，部门经理决定采用 AI 算法来分析客户的偏好，识别哪种类型的客户倾向于选择哪些定制选项。同时，新客户现在可以参照与自己情况相似的老客户的最常选择选项。这个方法起到立竿见影的效果。AI 的引入显著减轻了普通客户的选择压力，他们可以更轻松地接受算法推荐的默认选项。同时，由于订单表格变得更加统一，管理员也能够更迅速地完成订单审核和处理工作。

如何以人为本

人本为先，AI 辅之

作为一位深谙 AI 的领导者，你需要向员工明确表示，你在做决策时首要考虑的不是 AI，而是他们。你应该向他们清楚阐释，你计划如何运用 AI 技术来提升他们的工作效率、增进福祉以及优化职业生涯发展，同时确保以公正无私的态度对待每一位员工。传递这一承诺的重要性不容忽视，因为研究显示，高达 78% 的员工认为雇主有责任保障他们的全面福祉。[9]

在部署 AI 的过程中，除了要传达以人为本的核心理念，你还需要确保这一理念渗透到组织的每一个层面。举例来说，当人力资源部门收集数据以预测员工的动机、绩效乃至潜在的离职意向时，作为领导者，你应确保整个过程对员工是完全公开透明的。这意味着员工需要清楚地了解哪些数据被收集，以及这些数据将被如何使用。同时，人力资源部门应避免使用仅将员工视为数据点的简化视角。相反，作为领导者，你要确保公司的所有部门在讨论工作时都充分考虑到员工作为个体的感受和需求。

请看一个案例。在东南亚一家跨国公司的分支机构，人们发现在人力资源部门负责人与总经理的电子邮件交流中，存在仅使用员工工号来指代员工，并以一种缺乏人情味的方式讨论员工的情况。例如，在一封邮件里，人力资源主管提到员工 XX13baXX 未安装公司要求的应用程序，因此，根据合规流程，将其暂时归为 B 类，并限制其访问公司资源两天。邮件还提到，如果再出现两次违规情况，员工 XX13baXX 将被视为即将启动的变革项目的潜在高风险因素。不幸的是，这封邮件被错误地发送给了公司其他员工。收到误发邮件的员工立刻将邮件转发给了他的同事们，这导致一些员工向总经理提出了投诉。这些投诉促使总经理发出了道歉声明，并表示在今后的沟通中将以尊重和人性化的方式讨论员工。

最后，作为领导者，你还必须与 IT 部门和技术开发人员紧密合作，确保所使用的 AI 技术能够考虑到员工的认知能力和习惯。算法开发人员需要考虑员工的个体差异和已知偏好，收集这些数据，并将其整合到 AI 系统中。这样，技术专家可以帮助公司创建一个让员工觉得 AI 系统更加易用、易于理解且值得信赖的工作环境。

以安全的方式提升员工绩效

在企业部署 AI 系统之前，你需要与技术团队（包括 IT 人员、数据科学家和开发人员）及人力资源专家就两个重要议题展开讨论：第一，必须共同评估公司是否具备合适的基础设施来支撑 AI 的运行；第二，确保公司已经采取必要的措施，使得 AI 系统对员工来说是安全的。

从以人为本的角度来看，当 AI 能够有效提升员工的工作表现，并且确保其使用安全时，我们才能认为它是"安全"的。为了提高安全性，企业可以借鉴美国国家航空航天局（NASA）和美国国防部（DoD）在评估新技术时采用的方法。[10] 它们通过技术就绪度量表来评估和测试潜在技术系统的能力和安全性。同样，你也可以根据 AI 在增强员工绩效方面的重要作用，整理出关键的评估维度和因素。因此，在部署 AI 系统之前，你应该列出一份清单，明确 AI 在其运作过程中如何尊重并优化员工的工作环境。

首先，你要确保为这份清单附上详尽的说明文档，使 AI 系统容易上手，并且始终得到 IT 部门支持。深谙 AI 的领导者有责任确保 AI 系统可以顺利融入员工的工作环境，并建立一个机制，让员工在遇到 AI 系统损害工作绩效（而非提升他们的绩效）时能够及时提出反馈意见。

其次，制定清晰的数据治理政策，并向所有员工及技术专家传达这些政策。这包括明确告知员工，你将收集哪些数据，以及这些数据将被如何使用。在数据收集和治理过程中，作为领导者，你应坚持"数据最小化"原则，即只收集与员工的工作直接相关的数据。

最后，确保将这些个人数据存储在便于员工访问的地方。虽然你可以利用第三方公司提供的产品、软件和服务，但应尽量避免将员工的个人数据存储在第三方公司的服务器上，以保护个人数据的安全性和隐私。

让员工拥有自主权

如果你把 AI 定位为一个助力员工提升技能、提高效率、增强自主性的助手，那么员工自然期望在工作中拥有更多的控制权。媒体常常把 AI 描绘成一种充满潜力、可能与人类智能相媲美的新兴力量。这种观点可能让一些员工对 AI 的使用持谨慎态度。他们可能会怀疑 AI 的决策过程是否透明，以及自己是否会受到公正的对待。

为了消除这些疑虑，你可以确保员工在他们所负责的任务中拥有完全的决策自主权。换句话说，他们应该有权决定是否接受 AI 的服务，或者是否需要根据自己的反馈意见来调整 AI 的行为。这种控制感还应该包括员工被赋予随时终止与 AI 互动的权力。

提升员工的福祉

以人为本的 AI 部署策略，要求你从全局的角度出发，将员工视为具有情感和个性的完整个体，而不只是单纯的劳动力。AI 的部署不仅要提升员工的自信心，还要遵循基本的伦理道德，并提升员工的幸福感和满意度。作为深谙 AI 的领导者，你需要全面贯彻以人为本的原则，尊重员工，尤其注意提升员工的福祉。

关注员工的福祉，与改善他们在组织内的工作环境息息相关。为此，你需要展现出富有同情心的领导风格，并营造一种将员工心理健康置于首位的企业文化。

想成为一个员工眼中富有同情心的领导者，关键在于学会换位思考和宽容他人。

第一，同情心意味着超越自我，站在他人的立场上理解问题。通过换位思考，你能更深入地理解人们的感受和行为背后的原因。作为领导者，你应该主动寻求来自不同背景、不同视角的反馈，以便提升你的共情素养。深谙 AI 的领导者应时刻保持开放的心态和学习的态度，增加接触新思想和不同人生观的机会。

第二，你要成为一位宽容他人的领导者。宽容他人，从鼓励员工在与 AI 互动时敢于尝试新方法开始。在 AI 的部署过程中，你要认识到不是所有尝试都会成功，因此需要有接受失败的胸怀。为此，你可以建立一个反馈机制，让员工和管理者共同评估和调整 AI 的使用。

为了有效提升员工的福祉，建立一个开放讨论心理健康和工作压力的环境至关重要。你需要通过行动，表明你对这些问题的关注。例如，与人力资源部门合作，在工作日的特定时段安排正念训练，帮助员工放松和集中注意力。同时，开设心理辅导课程，指导员工如何应对压力和负面情绪，并定期评估他们是否面临较大的工作压力，是否需要时间来恢复精神和平复情绪。

***

尽管许多企业领导者坚信部署 AI 的目的是更好地服务人类，但深谙 AI 的领导者明白，现实往往并非如此简单。他们深知，要确保所有利益相关者感受到组织在使用 AI 时对人的尊重和赋能，组织需要投入巨大的时间和精力。采用以人为本的 AI 部署策略，意味着领导者必须把"将人的需求置于 AI 技术之上"作为组织的首要任务。当你开始以这种思维方式来考虑问题时，你很快就会意识到，AI 的使用需要有针对性和策略性。在第 8 章中，我们将深入探讨如何利用以人为本的 AI 系统来增强人类的能力，而不是取代人类。只有这样，我们才能提升员工的工作效率，并确保技术的发展与人类价值观和福祉相协调。

第 8 章

使命
让 AI 促进就业机会，
而非取代员工

AI

我曾与一位 IT 行业的高级管理者深入探讨，他当时是 AI 解决方案的销售主管，通过帮助企业客户部署 AI 来推动企业的自动化。他对这份工作满腔热忱，还向我表示，AI 是当今世界上最好的东西，能够制造双赢的局面。

"为什么这么说？"我好奇地询问。

"很简单，"他微笑着回答，"第一，推广 AI 能给我的生意带来不错的营收；第二，它也为客户带来了巨大的收益，对他们而言，AI 是削减成本的利器。双赢的局面，怎能不让人心动？"

我回应道："确实，在商业世界中，降低成本以获取更多利润是一种常态，但人类为此付出的代价呢？"

"什么意思？"他有些困惑地问。

"如果推广 AI 的主要目标是尽可能地实现任务自动化，那么这将对人类产生什么样的影响？你未来将何去何从？"我进一步追问。

"我？"他显得有些惊讶，"这跟我有什么关系？我只不过是通过销售自动化技术来谋生而已。"

我继续和他探讨未来场景的各种可能性，比如让一个 AI 系统撰写业务报告，而让另一个 AI 系统从公司战略视角来评估这些报告的质量。又比如，让一个 AI 系统当面试官，对其他应聘的候选 AI 系统进行面试和评估。

他断言，这样的场景在人类社会是不可能发生的，因为它把人类的参与完全排除在外了。

"确实如此！"我说，"如果你只是一味推销基于 AI 的自动化技术而不加以深思，那么人类的未来将会怎样？"

他的表情突然变得凝重，开始反思自动化对人类的真正影响。

企业的自动化转型至关重要，而且这一比例正在不断上升。据估计，高达 60% 的工作任务都可能被自动化——这一趋势不仅覆盖了广泛的职业领域，而且势头不会减缓。[1] 毕竟，组织正在寻求更加标准化、更加高效的工作方式，以获得更快的工作节奏、更长的工作时间、更有成效的结果产出。从这个角度来看，对人类员工进行大量投资并重新设计工作岗位似乎并不划算，因为人类员工更容易疲劳，也更容易偏离高效的业务流程。因此，自动化已成为当今众多企业的首选，那些不需要太多创造力的工作（包括信息处理工作）正逐渐被自动化取代。可以预见的是，除了那些明确需要创造力的工作（通常只占很小一部分），其他大多数工作都可能处于被自动化的边缘。

然而，我们不能构建一个将人类排除在就业市场之外的世界，更不能创造一个让人类无所事事的世界。这违背了人类发明 AI 的初衷。AI 的诞生，是为了让人类以更高效的方式去完成对人类有益的任务。但是，商界是否同意这样的看法——将 AI 的引入视为一种手段，用以实现任务自动化，从而提升员工技能水平，使员工能够承担更具价值的工作，而不是让 AI 来取代人类？坦白地说，我对此表示怀疑。尽管企业领导者对自动化、生产力和效率的概念了如指掌，但大多数人并不了解 AI 提升员工技能水平的真正含义。

我有幸与一位全球金融服务公司的董事会成员深入探讨了这个话题。她指出，企业领导者在做 AI 领域的投资决策时，往往很难理解 AI 提升员工技能水平的真正内涵。她对于如何具体实施员工技能水平提升策略，以及这些策略将带来怎样的财务影响，感到难以预测。鉴于这种不确定性，特别是财务上的不确定性，企业投资于 AI 自动化似乎是一个风险较小的稳妥选择。将任务自动化，至少能在财务报表上展示出较高的投资回报率，并且有助于提高公司战略执行的一致性。毕竟，采用统一的方法更有助于管理，同时还能优化公司的发展战略。而让员工以各自独特的方式使用 AI，则可能带来许多难以预测的复杂性，在一定程度上增加了管理的难度和风险。

这位董事会成员进一步解释说：在她所在的这家全球性公司看来，将公司资源投到员工身上，通过 AI 来提升员工技能水平，不仅成本高昂，而且风险很大。她直言不讳地对我的观点提出批判，认为我对 AI 在未来工作场景的展望是不切实际的。经过一番激烈的讨论，我试图说服她，希望她能从更宏观的视角来审视问题。我阐述了我的看法：如果公司仅仅为了维护一个统一的管理系统，而将所有工作任务自动化，那么从长远来看，没有任何一家公司能够从中真正获益。

在这样一个商业世界中，人类最终或许只能机械地遵循 AI 所设定的流程。这样的世界对我们来说，价值何在？我向她提出这样的问题：如果你的组织正面临行业的剧烈波动，需要员工能够创造性地思考、积极参与创新，通过深切的共情与客户建立深入且真诚的互动，情况又将会怎样？"毕竟，"我向她强调，"与客户直接接触的不是 CEO，而是你的员工。如果员工的能力得不到提升，他们又怎能更好地服务你的客户？"如果公司不在提升员工技能水平方面投资，只是单纯地追求工作任务自动化，虽然在短期内可能是高效的，但从长远来看，公司终将面临失败。

一周后，我收到了她的电子邮件，她在邮件中向我分享了在上一次董事会会议上的发言内容。她对公司内部当前普遍仅将 AI 部署视为降低成本的工具的论调提出了疑问。她认为，公司在引入 AI 时，领导者的责任是进行必要投资来重新设计工作岗位职责，使员工的能力得到提升，让他们有更多时间来发挥自己的专长。她回忆说，在她发表这番见解后，会场内许多人露出了惊讶之色。然而，经过讨论，大多数董事会成员最终都表示愿意接受她的观点。她正逐渐成长为一位深谙 AI 的领导者。

因此，AI 的应用应该集中在自动化那些消耗员工精力、重复性高、不需要创造性劳动的任务上。自动化的用武之地是接管那些占用人们宝贵时间的烦琐工作任务。随着这些任务的自动化，员工将有机会通过更具创造性的工作方式来获得成长，从而促进组织的创新和生产力的提高。因此，任何 AI 部署项目都应该将重心放在培养员工上。通过提升他们的专业技能水平，使他们在各自的领域中展现更为卓越的人类智慧和才华。

深谙 AI 的领导者在推动 AI 部署项目时，应将投资重点放在组织中人力

素养和技能的长期建设上，并通过重新设计工作岗位职责以及提升人类独特的创造力和创新能力来实现这一目标。在本章中，我将阐述自动化与员工技能水平提升之间的联系，并提供从"自动化导向"往"员工技能水平提升导向"转型的策略，旨在创造一个能够激发和提升员工创造力的新型工作环境。

现状：倡导自动化，缺乏真正的员工技能提升策略

自动化对劳动力市场的挑战并非新现象。自 1439 年印刷机的问世，到 1993 年互联网的兴起，自动化技术一直在重塑人类的传统工作方式。如今，AI 技术的崛起，不仅有望降低劳动力成本，还能减少员工的非理性行为对生产效率的潜在影响。然而，与历史上的其他革命性技术相比，AI 带来的挑战更为深远。AI 自我学习的特性预示着它不仅能模仿人类，甚至可能拥有超越人类的认知能力。

普遍观念认为，AI 是一股势不可当的力量，它可能会取代人类的工作岗位。在商学院的高级管理者课程中，我注意到了这种观点。对于我的许多企业高管学员而言，AI 的发展速度确实令人震撼。然而，当我建议他们要审慎使用 AI 工具时，他们似乎完全听不进去。他们的注意力完全集中在 AI 所带来的经济效益上，而往往忽略了人性的重要性——若从更宽广的视角来看，他们甚至忽略了人性的存在。他们常说，考虑到 AI 在创造价值和

推动经济增长方面的潜力，AI 可能超越了任何人类员工的贡献。因此，作为企业领导者，他们认为自己别无选择，只能全力以赴地推进自动化战略。

正如一位学员对我说的："随着时间的推移，企业及其领导者将不得不在几乎所有方面都要适应 AI。这一点毋庸置疑。这不是一个选择问题，而是技术的快速发展将如何推动我们财富增长的范式问题。"另一位学员的观点则是："为什么要在对最新的智能技术投资之后，却仅将智能技术用作辅助员工的工具？对于员工，你仍需支付薪酬，并且还需要在他们的技能水平提升上投资。从经济角度来看，员工技能水平的提升对我来说并不划算——我为什么要为单独使用 AI 即可独立完成的工作同时支付 AI 和员工的费用？这是重复投资，等同于将工作自动化的成本翻了一番。"

从短期角度来看，这种逻辑似乎很有道理。的确，那些将自动化作为首要任务的公司往往会报告业绩有所提高。然而，问题的核心在于，自动化对组织业务增长的推动最终会减缓，有时甚至会产生反作用。[2] 自动化充其量只是一个短期解决方案，从长远来看，它会阻碍组织的发展。原因可以归纳为以下四点。

自动化导致工作碎片化

自动化首先带来的一个现实问题是，人们的工作可能会变得更加碎片化。如果企业领导者在推进自动化的同时，愿意为能够充分发挥人类独特能力的新工作岗位投资，那么这种工作碎片化问题或许可以避免。然而，我尚未看到有领导者采取这样的行动。尽管有关应该创造哪些新工作岗位的讨论和报告层出不穷，但领导者们要么对此不感兴趣，要么在实践中缺乏对这些新岗位进行重塑和推广的深刻洞察力。[3]

工作碎片化容易使员工面临陷入低收入岗位的风险。这背后的部分原因可归于已经得到广泛讨论的工作两极分化（job polarization）现象。[4]一方面，由于 AI 开发和部署的固有局限性，对低薪体力劳动进行自动化往往成本过高、难度过大——例如，雇用清洁工在很多情况下比部署清洁机器人更经济、更高效；另一方面，高薪的脑力劳动同样难以被自动化，因为它们往往涉及创新和战略思维，这些是 AI 目前无法实现的。因此，中等技能水平支持的日常行政工作成了自动化的主战场。当这些岗位上的员工被 AI 取代时，他们可能无法迅速提升技能水平以适应高薪工作，最终可能不得不转向低收入的岗位，这无疑会加剧社会经济的不平等。

更糟糕的是，员工对此几乎束手无策，因为自动化也削弱了他们的议价能力。实际上，与用智能机器替代员工所带来的经济效益相比，员工能为公司创造的价值似乎显得微不足道了。因此，作为一位深谙 AI 的领导者，你必须清醒地认识到，单纯追求自动化的 AI 部署策略将会迅速引发涉及道德伦理和公平性的问题。你的自动化行动可能会加剧工作的两极分化，加剧社会经济不平等，从而引发公众不满、社会不稳定以及其他形式的动荡，甚至可能包括社会暴力事件频发。而这种动荡反过来可能威胁到你的组织，使你的组织变得更加非人性化，对波动性的容忍度进一步降低，进而陷入恶性循环。你为了追求效率最大化所做的不懈努力，却可能在不经意间催生出一个对你的商业活动挑战更严苛的社会环境。

自动化给组织的未来身份带来不确定性

随着 AI 的应用,企业中出现了一种新型的"员工"——AI 系统。作为领导者,你需要扪心自问,你希望自己的企业将来成为什么样的企业。企业对各利益相关方都要承担相应责任(详见第 6 章),而深谙 AI 的领导者必须将 AI 融入自己企业的愿景与战略之中(详见第 5 章)。如果你已经在这些方面采取了措施,那么你就可以进一步评估 AI 如何塑造公司的未来发展方向。

例如,去年,我在一次圆桌讨论会上遇到一位高级管理者,他热情洋溢地介绍了自己的数字化转型项目,并对该项目将如何开展有着深刻的见解。相较于其他发言者,他的发言之所以引人注目,是因为他非常清楚一点:他希望公司在未来成为什么样的公司。他坚信,公司应当建立在强烈的社区意识之上,并持续对最新技术趋势保持好奇与探索。这一理念在他的愿景中得到了明确体现,即 AI 的应用应该强化客户对公司员工敏捷性的认知。在与员工互动时,客户所期待的公司品牌形象应通过 AI 得到增强。他希望客户意识到,他公司的员工不仅紧跟最新趋势,而且始终在寻找最优秀和最具创新性的解决方案来帮助客户获得成功,而这些是 AI 无法替代的。

作为一位深谙 AI 的领导者,你的责任不止于洞悉自动化所带来的经济效益。你还需要审视自动化对组织中"人"的职能所造成的具体影响,尤其是它如何影响员工的工作认同感和积极性。

自动化将导致员工的技能水平下降

当自动化技术接管了员工越来越多的任务，且公司尚未为这些员工提供新的工作职责时，工作就会变得日益枯燥无味。这不仅磨灭了员工的工作激情，也增加了发生事故和故障的风险。以飞行员为例，尽管他们表面上仍然驾驶飞机，但自动化的普及意味着他们很少需要亲自执行飞行驾驶操作，从而可能滋生无聊情绪。众所周知，无聊不仅会导致职业技能的荒废，还可能导致在急需这些技能时人的反应迟缓。例如，飞行员如果长期处于无聊状态，可能会在飞机的自动驾驶系统出现故障时，因技能生疏而无法迅速做出恰当反应。

对于航空公司而言，领导者需要通过增加高质量的培训课时来削弱自动化飞行的负面影响，确保飞行员能够始终掌握全面的飞行技能。不幸的是，现实中，航空业正朝着相反的方向发展。该行业将更多任务交给 AI 完成，削减了飞行员培训时间和员工数量，同时降低了飞行员的薪酬和福利待遇。结果，希望成为飞行员的人才在减少，而许多在职飞行员也打算离开这个行业。长期来看，这些变化可能导致航班减少、乘客成本增加，以及选择航空出行的人数下降。航空业正在以一种典型的方式（同时也是错误的方式）部署 AI，虽然这种做法可能在短期内降低了成本，但长远来看却损害了企业的生命力，企业不再吸引新人才，导致缺乏支持行业持续发展的规划和能力。这种做法与深谙 AI 的领导者的理念背道而驰。

这样的工作环境很快就会对你的企业产生不良影响。例如，在 2022 年，美国一家区域性航空公司共和航空（Republic Airways）向美国联邦航空管理局提出申请，希望降低招聘飞行员所需的经验门槛，以缓解飞行员短缺的问题。具有讽刺意味的是，尽管该公司在 AI 自动飞行系统应用方面走在行业前列，却面临飞行员不足的问题。这一申请最终遭到拒绝，因为美国联邦航空管理局认为，减少培训时长和降低飞行经验的门槛，将导致飞行员技能不足，会威胁到乘客的安全。[5] 正如 "萨利机长" [①] 在 2023 年的一篇评论文章中所强调的，"高水平的飞行员培训和经验，在成功与失败、生与死之间起着至关重要的作用。在航空业这样对安全要求极高的领域，我们必须深刻认识到 '刚刚够好' 是远远不够好的"。[6] 因此，我们可以借鉴他的观点，**一个组织如果因过分追求自动化而牺牲对员工技能水平的提升，这样的决策是远远不够好的。**

自动化削弱了人类智能的力量

先看一个实例。我曾为一家食品公司提供咨询服务，该公司引进了一条新型自动化食品售货机生产线，这些售货机由技术人员负责维护。一旦机器发生故障，AI 系统就会向技术人员的手机发送短信，告知他们前往何处以及使用何种工具来修复预先诊断出的问题。我很快注意到，由于采用

---

① "萨利机长" 指的是美国空军退役军人、空客 A320 客机资深机长萨利·舒伦伯格。2009 年 1 月 15 日，他所驾驶的 1549 号航班在起飞后不久遭遇飞鸟撞击，导致双引擎失效。在这一紧急情况下，舒伦伯格机长沉着应对，巧妙地将飞机安全迫降在纽约哈德逊河上，成功拯救了机上 155 名乘客与机组人员的生命，这一壮举被誉为航空史上的奇迹。这一英雄事迹后来在 2016 年被改编成电影《萨利机长》，向世人展示了他非凡的专业技能和英勇精神。——译者注

了这种自动化方式，技术人员只是依照指令机械作业，而不去深究问题的根源。时间一长，我便发现他们逐渐丧失了独立思考和问题诊断的能力。我听到他们中的许多人表示，他们打算寻找新工作，现在的岗位让他们觉得自己毫无价值。

我决定与该公司的 CEO 进行一次对话。我询问他，除了简单地遵从 AI 指令，他对技术人员还有什么期待。这个问题让他显得有些困惑，因为他显然不希望技术人员只是机械地遵从指令。他期望技术人员能够为 AI 在预诊断阶段给出研判的准确性提供反馈，在必要时还能就如何改进自动化流程提出专业建议。接着我问他，公司通常每周能收到多少来自技术人员的反馈。他打开笔记本电脑查看数据，结果令他自己也非常惊讶——几乎没有收到过任何反馈。

显而易见，这位 CEO 没有意识到，几乎完全自动化的流程已经削弱了员工的职业认同感和自豪感，导致他们在工作中丧失了创造性思维。

要想消除过度自动化所带来的负面效应，关键在于对组织中"人"的职能进行持续的投资。**作为一位深谙 AI 的领导者，你需要认识到人工智能和人类智能是不同的，二者具有截然不同的价值主张，任何一个都不能取代另一个。因此，你需要对二者同时进行投资，以确保从 AI 部署项目中获得你所期望的长期价值和经济效益。**那么，如何从单纯的自动化转向重视员工技能水平的提升，让 AI 真正服务于人类，创造出你所期望的价值呢？以下是我的一些建议。

AI 部署如何从"自动化导向"转变为"员工技能水平提升"导向

致力于员工技能水平的提升，意味着要在员工身上进行投资，因为新的工作岗位要求有充实的工作内容和新的角色认知，这有助于员工学习与成长，实现自我超越。在这些新兴的人机协作岗位上，你的员工需要掌握必要的技能，以适应与智能机器协同工作的新环境。深谙 AI 的企业领导者应投入大量的时间和精力，精心策划并细致地重新设计工作岗位，才能确保员工技能水平提升策略能够成功实施。同时，你还需要规划出适当的财务预算，对员工技能水平提升进行投资，确保员工与 AI 能够高效协同工作。

你最期望员工提升的关键能力是什么？没错，是创造力！这是在人类早期发展阶段便形成的，同时也是令企业获益最大的能力之一。培养创造力需要一个适宜的环境，让员工能够自由地想象、批判性地评估新想法，并进行深入反思。员工需要感到拥有足够大的自由去把握整体情况，以便实施富有创造性的解决方案。作为领导者，如果你能够促进这种创造力的发展，你将能够成功打造出一支更加投入、更有激情、能够打胜仗的团队。

然而，当前人们对于创造力这一关键能力的理解显然不足。举例来说，在我最近与一位高级管理者的对话中，他向我表达了实施员工技能水平提升策略的愿望，但他同时提出了疑问："我应该怎么做？我面临两个问题。第一，在技术助力我们实现这一目标的过程中，我首先应该考虑的是如何激发我的员工的创造力吗？第二，AI 在其中究竟扮演什么角色？"

这些问题的提出是合情合理的。确实，一位深谙 AI 的领导者需要明确 AI 在促进创造性工作中所扮演的角色，但必须将员工创造力的提升放在首位。为了提高你在 AI 方面的投资回报，你首先需要提升员工的技能水平，使他们能够充分发挥创造力。请记住，员工不是完全理性的行动者，因此，让员工提出新的论点和创意可能需要更多时间。接下来，让我们来看看深谙 AI 的领导者培养员工创造力的一些方法。

不要追求完美，也不要进行过度的细节管理

在培养员工的思维模式、使其更具创造力时，作为领导者，你不应在每个工作阶段都要求尽善尽美，也不应对他们的每一项工作进行过度的细节管理。如果你对员工提出的每一个新想法都设置过高的期望，这可能会抑制他们分享其他新想法的意愿，并使他们不再愿意承担风险。

想要更有创造性地思考问题，员工需要有强烈的创新动力，并感到有在自己专业领域内尝试和试验的自由。作为领导者，你至少可以通过以下两种方式来支持他们。第一，管理员工的预期，明确表示你不追求完美无缺的想法，你更希望看到跳出条条框框的原始创意思维，这些思维可以在后续阶段再加以完善；第二，给予员工时间和自主权去进行试验和测试，并在他们失败时允许他们再一次尝试。创造性思维的培养，需要一个有心理安全的工作氛围。这意味着，只要输出的成果在项目初期所设定的目标范围之内，失败都是可以被接受的。

心理安全与创造力之间的联系在谷歌的"亚里士多德项目"（Project

Aristotle)测试中得到了体现,该项目旨在了解是什么因素促进团队变得更高效。[7]在一系列研讨会中,员工们经历了不同的场景测试,一些团队的想法立即得到了支持和鼓励,并获得了建设性的反馈;而其他一些团队的想法则立即遭到了公开抨击和严厉指责。测试结果清晰地表明,在那些员工感觉冒险不安全或同事关系脆弱的团队中,新想法的源泉很快就会枯竭。实际上,在亚里士多德项目测试的多种因素中,心理安全被认为是培养创造力的最关键要素。

鼓励独立行动和思考

赋予员工时间上的自主性固然重要,但更重要的是让他们自己掌握提升创造力的方法。例如,允许他们自行决定休息时间,并明确他们需要对此承担责任。换句话说,要培养他们的自主责任感,使他们认识到他们能够主导自己的创造过程。这样做将增加他们对自己所提出的新想法的自豪感。作为领导者,你需要适时调整员工的工作计划和工作量,以免扰乱他们的创造过程。请注意,这一策略可能会与"通过 AI 实现最大效率"的自动化目标发生冲突。因此,在引入 AI 技术时,我们需要确保这一技术能够适应员工自主安排工作节奏的实际情况。

激发好奇心

好奇心是创造力的引擎。当员工对某个问题产生好奇时,他们会充满热情和动力地探索、学习并寻找答案。在这个过程中，他们更有可能从不同角度审视问题，并提出一系列解决方案。作为领导者，你可以通过鼓励员工提出有趣的问题来激发他们的好奇心。与其在项目一开始就明确说出你期望的答案，限制员工的探索空间，不如让员工基于自己的兴趣提出有深度的问题，以开拓新的可能性。通过这种方式，你邀请员工参与进来，发现并解决他们认为重要的问题，然后倾听他们对解决方案的构想。在集体头脑风暴会议中，你要克制率先提出自己想法的冲动。相反，用开放式问题来激发员工的创新性思维，例如："如果我们没有任何限制，我们会怎么做？""还有哪些领域我们尚未探索？"而且，不要急于批评你听到的想法，而是尝试提出这样的问题："我们如何将这些不同的想法以有趣的方式结合起来？""如果这个想法在我们公司得到完美实施，我们还可能遇到哪些新问题或新挑战？"这样的提问方式有助于促进员工更深入地思考和创新。

　　一旦你点燃了员工对创造性思维的热情，便可以借助 AI 来辅助生成新的想法和内容。让我以麻省理工学院斯特拉诺研究小组的一个实例来阐释这一过程。该团队由研究生和博士后研究人员组成，他们与波士顿的 Crush Pizza 手工比萨店合作，利用 AI 创作比萨食谱。[8] 该团队利用互联网上的数百个手工比萨食谱对机器学习模型进行了训练。训练完成后，他们设定了一个目标：生成尽可能多的新比萨食谱。随后，机器学习模型开始工作，产出了一个丰富多样的新比萨食谱列表，其多样性远超出人们的预期。例如，其中一款比萨食谱大胆地将马麦酱①与虾结合在一起。

不难想象，马麦酱和虾的组合可能不是受大众欢迎的选择，也不一定能够吸引顾客。[9] 要识别这种潜在的食材搭配问题，评估者需要有丰富的饮食经验和文化意识。AI 本身缺乏这种基于饮食文化的上下文意识，以及人类通过味蕾体验所获得的细腻判断力。因此，在这类判断任务上，人类的感官判断显得尤为重要。

在创意的生成过程中，人类负责识别问题并提供给 AI 作为输入内容，然后对 AI 生成的结果进行解释、修正和应用。换言之，**人类在创造性工作的启动和结束阶段非常关键，而 AI 则在中间的生成阶段发挥重要作用，它承担着整合与汇聚各种信息的繁重劳动工作。**这种人机协作的方式，正是我所主张的员工技能水平提升策略的体现——人类作为创造性工作的主导者，在 AI 的辅助下，能够更迅速、更全面地提出新想法，并对这些想法在实际应用中的可行性和价值进行评估。

如何启动真正的员工技能水平提升策略

为了最大限度地利用 AI 的优势，不应仅仅将 AI 的应用局限于任务自

---

① 马麦酱（Marmite），英国的一种传统酵母基酱料，通过发酵酿酒过程中产生的酵母沉淀物制成，具有浓稠的质地，通常被涂抹在吐司上食用。它在英国有着两极化的评价：一些人认为它是英国最难吃的食物，而另一些人则对它有着近乎狂热的喜爱。有人戏称其为英国版的"老干妈"。——译者注

动化方面，而应将重心放在真正的员工技能水平提升上。要实现这一目标，你需要做出两项重要的决策。

AI 投资预算分配：增加对工作丰富化的投资，降低技术投资比例

在一次午餐会上，我与一家公司的 CEO 进行了交谈。他坦言，尽管自己不是技术专家，但感觉公司最近的 AI 部署项目大概率已经出问题了。

我问他为什么，他解释说："我看到公司投入了大量资金和资源用于开发和应用那些花哨的高级算法，但从经营管理报表来看，我们团队的表现并没有得到显著提升。"

我建议他看看在对 AI 技术投资之后还有多少预算可用，并考虑将一部分预算用于新工作岗位的员工培训。

他带着一丝尴尬回应了我："你说的新工作岗位具体指的是什么？而且，我们大部分的预算都已经花完了。"

在讨论公司的 AI 部署项目时，我经常听到类似上面的典型回答。正如许多变革顾问告诉你的那样，企业在启动 AI 项目时，往往将甚至可高达 90% 的财务预算投入技术本身，导致用于促进 AI 与员工融合的资金所剩无几。

这种做法不仅令人遗憾，而且适得其反。它降低了 AI 部署项目的成功率。如果你对 AI 有深刻的商业洞察，就会认识到：在员工身上投资——无论是投入时间还是投入资金——以期创造更优质、更人性化的工作岗位，

是企业领导者的职责。这不仅是正确的做法，而且从长远来看，不这么做的企业要付出的代价将是巨大的。事实上，当今世界上应用 AI 比较成功的公司，都是在 AI 部署初期就在员工培养上敢于投入重金的公司。

丰富工作内容，创造新的工作岗位

深谙 AI 的领导者明白，唯有在丰富工作内容上投资，AI 的部署才能取得真正的成功。这将有助于提升驱动 AI 部署所必需的人类智能。丰富工作内容的过程对于重新设计工作岗位至关重要，它将显著提升员工工作的积极性和满意度。那么，你应该从何处入手？

首先，识别在工作中哪些环节是重复且单调的，将这些环节的工作交给 AI 来执行。

其次，让你的员工确切知道这些重复且单调的工作环节，并阐释工作岗位的重新设计对他们意味着什么。作为领导者，你期望员工能够培养出推动组织发展所需的创新思维，能够提出更深刻的问题，为实现组织目标找到更有效的解决方案。更关键的是，要清晰地向员工传达一个观点：你的这些新期望，为他们成长为适应 AI 时代的工作者提供了机会。

最后，**确保员工理解，新工作岗位虽然让他们拥有更大的工作自主性，但同时他们肩上的责任也在增加，因此他们需要持续学习并有效利用 AI 提高工作效率。**虽然公司将全力支持这一学习过程，并为之投入必要的资金，但同时，员工也需承担起相应的责任并积极参与，推动自己的成长和进步。

***

　　作为一位深谙 AI 的领导者，你应该深刻理解并积极贯彻这一理念：唯有借助 AI 提升员工和团队的工作效率与能力，AI 部署才能被认为取得了真正的成功。这一理念将 AI 定位为员工的"同事"，目的是促进员工在个人和职业层面更好地成长与发展。要建立 AI 与员工之间这种相得益彰的互助关系，领导者需要掌握与员工协作的软技能，营造一个能够充分发挥人机共生效应的新工作环境。在第 9 章中，我们将详细探讨如何培养和应用这些软技能。

第9章

情商

掌握软技能，

练就 AI 时代的硬核本领

AI

　　我永远记得，一位高级管理者曾轻蔑地对我说起软技能："诚然，软技能对我的工作并非毫无价值，但它太虚幻了，很难把握。相比之下，数字化技能才是真正的硬核本领。无论从哪个角度来看，我认为在当今时代，每位员工和管理者最需要提升的正是数字化技能。投资于数字化技能回报率高，成本更低，见效更快。"

　　软技能，即那些让领导者能够与他人和谐地互动和协作的行为特质，比如好奇、共情、沟通能力、批判性思维和前瞻性思维。在过去几十年里，软技能一直受到企业领导者的高度重视。然而，随着 AI 逐渐进入领导者的视野，软技能的重要性开始被一些领导者忽视。在 AI 驱动的自动化所提供的诱人投资回报面前，一些对 AI 了解不深的领导者可能会持有与上面那位高级管理者类似的观点。他们认为，要将对 AI 方面的投资转化为更高效的劳动力，进而提升组织生产力，关键在于掌握硬技能，甚至认为只需掌握硬技能即可。

　　许多企业领导者在推动 AI 部署项目时，或多或少都受到过"只关注硬技能"这一观点的影响。我还记得，我曾经与一家公司的领导者深入探讨 AI 的商业价值。尽管这家公司在以往的变革项目中积累了丰富的经验，但其 AI 变革项目却无法按预期启动。为了向员工说明 AI 投资的情况，公司召开了一次全员大会。负责这个 AI 项目的高级管理者是这次大会的主要发言人（主要是因为他在公司里技术能力最强）。

但我很快意识到，这位高级管理者的讲话过于聚焦 AI 技术层面，他将其视为一种全能工具，认为 AI 将帮助公司深入分析市场趋势、捕捉增长机会、执行并购策略，同时减少错误并优化生产流程，等等。他滔滔不绝地谈论技术，语气中透露出一种算法思维的优越感——他似乎认为可以将世界简化为仅由 0 和 1 构成的二进制代码。显然，他认为自己看问题的维度更高、更加洞悉问题的本质。例如，他用高度抽象的语言描述了公司如何利用 AI 来监控并计算出最优的工作节奏，这种节奏是所需生产单元数量的函数，而生产单元的数量又可以通过客户数据分析来预测。在整个讲话过程中，他从未提及员工。

员工们感到迷茫，难以与这位高级管理者产生共鸣。全员大会结束后，我听到许多人抱怨说，他们甚至连一半的会议内容都听不懂，感觉公司似乎正在被机器人领导，完全忽略了他们的工作、工作社群以及未来。一位我熟悉的中层管理者说："我不在乎 AI 是否能提供出色的商业建议或进行精妙的计算。我不希望被 AI 领导。你能相信那个高级管理者吗？我感觉在他眼中，我只不过是一个数据点。"

然而，事情并未就此画上句号。这个不尽如人意的开端，持续影响着公司内参与 AI 变革之旅的每个人的心态。项目启动一年后，推进过程依然困难重重。员工们开始尝试回避使用 AI，或者寻找方法绕过它。他们对推动该项目的那位高级管理者缺乏信任，因而抵制跨部门的问题解决和知识共享。他们心中有这样的疑问：为什么要帮助那个家伙？结果，公司不仅未能超越竞争对手，反而被远远甩在了后面。

面对这一局面，公司 CEO 感到无从下手，因此召开了几场头脑风暴会议，以期寻找突破困境的解决方案。我应邀参加了其中一场会议，并分享了本章以及第 8 章中的许多观点。在我发言的过程中，我注意到几位与会者眉头紧锁。当谈及 AI 时，人们——特别是那些领导力不足的领导者——往往期望速战速决。一旦解决方案听起来有点复杂，他们便显得焦躁不安。这种态度颇具讽刺意味，他们现在表现出的抵触情绪，与他们的员工在面对不喜欢的信息时所表现出的抵触情绪，简直如出一辙。

然而，重要的是，我的发言成功引起了 CEO 的关注。他问我："你认为我们在 AI 部署项目上未能取得预期进展，是因为我们的领导者未能与员工建立联系并激发他们的工作热情吗？"我毫不犹豫地给出了肯定的回答："是的！"会议结束后，CEO 邀请我到他的办公室做了进一步探讨。一个月后，我得知参与该项目的几位领导者被公司安排参加了领导力与协作方面的培训课程。

成功引领 AI 部署项目的领导者，不仅重视硬技能，更重视软技能的培养。领导者之所以能够顺畅地将 AI 融入业务流程，是因为他们越来越倚重批判性思维、情感判断和问题解决能力，去深入理解 AI 为企业带来的具体价值，以及如何有效利用这些价值。在任何场景下，这些软技能都是不可或缺的——特别是当你需要将员工团结起来，共同创造出解决方案来满足地区和文化背景不同的客户需求时。随着工作性质的持续演变和新工作岗位的不断出现，AI 也开始扮演起"同事"的角色，这些情商（EI）技能对公司的成功变得越发关键。据知名咨询公司德勤（Deloitte）预测，到 2030 年，软技能密集型职业的增长速度将是其他领域职业的 2.5 倍，并将占据所有职业的 2/3。[1]

因此，要成为一位深谙 AI 的领导者，你需要致力于提升自身的情商技能。你需要跳出技术管理者的局限视角，转而成为企业在 AI 部署过程中所需的变革型领导者和以人为本的战略家。在本章中，你将学习如何运用情商，使自己成为组织中独特且有价值的领导者。我将探讨作为领导者所需的软技能，以及如何培养这些技能。

投资自己的软技能训练

2021 年的一项研究指出，在调研对象中，有高达 70% 的员工认为，在 AI 时代想要保持竞争力，软技能比硬技能更关键。[2] 实际上，谷歌的"氧气计划"（Project Oxygen）研究也发现，员工普遍认为，成为高效管理者的关键在于软技能，而非 STEM（science, technology, engineering, and math, 科学、技术、工程和数学）技能。[3] 因此，深谙 AI 的领导者应更多聚焦于工作中的情感和人际关系层面。从人才培养的趋势来看，我们正逐步进入一个"情感经济"（feeling economy）时代，其中，**那些需要硬技能的任务将**

交由 AI 系统处理，而建立不同利益相关者间的联系和需要高情商的工作，则将成为企业领导者的职责。[4]

提升个人软技能最有效的方法，是在日常工作和生活中多加练习。你需要投入大量的时间和精力来训练自己，学会分辨什么时候表现出了高情商、什么样的表现是低情商的。例如，为了与他人建立关系并理解他们的动机和情感，你可以通过在日常工作和生活中询问周围人的感受、忧虑以及你能如何提供帮助，来进行实际的练习。

情商技能的训练是一项持之以恒的长期活动。如果你不持续练习、应用并维持这些技能，不将其融入领导力行动之中，就可能逐渐失去它们。为何这么说？神经科学的研究显示，当对某些记忆和相关技能的关注度和重视度降低时，我们就会开始遗忘它们。[5]同时，我们会保留那些我们认为重要的记忆、习惯和技能。因此，如果你身处一家致力于人才素质提升的企业，你就需要努力确保自己掌握了必要的软技能，以便随时应对挑战。如果你努力的主要目标是使用 AI 运营公司，那么根据神经科学的预测，你可能至少会丧失部分软技能。正如著名科普作家马尔科姆·格拉德威尔（Malcolm Gladwell）指出的："练习，并非你擅长某事之后才做的事情，而是为了让你变得擅长某事才必须做的事情。"

对深谙 AI 的领导者来说，尤其需要重视培养哪些软技能呢？接下来，我们一起探讨这个话题。

展现共情，建立和谐工作关系

AI 部署，是全公司上下共同参与的一项集体行动。因此，你的角色应当是一位推动者，你需要掌握引导团队成员以建设性和支持性的方式进行协作的技能，确保每个人都能朝着共同的目标努力，让 AI 为组织带来预期的价值。

我熟悉的一家建筑公司最近正着手部署 AI。负责这个项目的业务领导者内心深处也意识到，她对于项目应该达成的目标并非十分明确。虽然她硬着头皮推进项目，但实际上内心感到非常焦虑。

她注意到，在 AI 部署过程中，一些工作团队感到迷茫，缺乏利用这项技术改进工作流程的动力。即便是技术最熟练的员工，也没有完全发挥出 AI 工具的潜力。她尝试与团队沟通了几次，以了解他们的顾虑，但发现很难弄清楚他们到底遇到了什么问题。最终，在项目进行了两个月后，她决定辞去项目经理的职务。公司的总经理请我与她谈一谈，以了解背后的原因。在那次谈话中，她坦率地表示，在项目初期她就意识到自己无法胜任这项工作。

我询问她，是什么让她得出这样的结论。她回答："很简单，我无法与团队建立真正的关系。我发现自己很难与他们沟通，很难建立关系。我不明白他们心里是怎么想的，也难以把握他们对于我们在日常工作中引入 AI 这一决策的真实看法。如果我连这件事都做不到，那么怎么能期望我可以领导公司转型为一家 AI 驱动的公司呢？"

深谙 AI 的领导者需要具备一种能力，即能够与不同部门和团队中的成员建立关系——无论这些人是不是专家。确实，你有责任培养和维护所有关键的关系，以确保 AI 部署取得显著成效。你希望被视为一个易于接近、愿意聆听反馈，并且可以开放讨论 AI 部署过程中各种情况的人。如果你能做到这些，你将获得积极工作关系带来的所有好处。你的员工和团队将更加积极地参与 AI 部署项目，并与所有相关人员相处得更加和谐。而且，由于你和你的团队都在鼓励信息的流通，你们都将享受到更愉快、更轻松的工作氛围，这有助于降低缺勤率并提升团队成员的参与度。

建立关系只是你必须做的事情中的一部分。除此之外，维系这些关系同样重要——此时，掌握共情技能很重要。在部署 AI 的过程中，员工们最担忧的是，如果 AI 被部署成功并在组织内得到广泛应用，他们将面临何种境遇。他们想知道接下来会发生什么，以及他们的饭碗是否保得住。如果员工心中有这样的顾虑，他们可能会对 AI 产生抵触，甚至可能会故意妨碍 AI 的应用。

你需要展现出对他们顾虑的深刻洞察和共情，同时阐释 AI 的成功部署将为他们带来哪些积极变化。传递这一信息的最佳方式是强调你将 AI 视为一种工具，它的成功部署也将符合所有员工的利益（在这里，我假设你已实施了第 8 章中描述的员工技能水平提升策略）。要清楚地向他们阐释 AI 如何自动化那些重复且耗时的任务，从而为他们腾出时间，以便他们能够投身于更复杂、更有创造性的任务。为了取得这些积极效果，请强调你和组织正计划提供必要的资源，包括让员工参加技能水平提升课程，并帮助他们重新认知工作角色，以适应新的工作计划。通过这样的沟通，你不仅理解了员工的感受，还坦诚地交流了这些感受，展现了你的共情，并与他们一起寻找解决方案。

提升你的情商

部署 AI 将引发企业运营模式的变革。AI 要融入企业运作的方方面面需要时间，但由于财务压力，项目组和员工往往无法获得足够的时间。于是，领导者会通过加快工作节奏来推动转型进程。这种情况我已经见过太多次了。

举一个最近的例子。几个月前，我参加了一次电话会议，一位高级经理在会上汇报了部门 AI 项目的下一步计划。他非常重视客户服务，致力于提供完美的服务体验。在商业世界里，以合适的方式服务客户本身是无可非议的，但他过于刻板的风格影响了沟通的效果，最终也阻碍了部门有效转型，遗憾地错过了与 AI 协同的大好机会。在会议上，他一丝不苟地专注于任务分析、满足数据科学家所需的技术架构，以及建立一个在透明度和数据保护方面无与伦比的治理平台。然而，他只字未提这些举措对于部门员工是否可行，也没有真正反思他本人和团队对整个项目的看法和感受。这次汇报让许多与会者感到不悦。

会议结束后，我听到一群员工在表达他们的不满。他们的不满似乎源于这位高级经理未能认识到他的决策对团队的影响，他们显然对此感到非常不爽。其中一位小组长说："他到底在想什么？提出方案前连问都不问任何人的意见？这家伙到底是不是情感动物？我敢肯定，他是那种在要求别人做几乎不可能完成的事情时，从不会停下来考虑他人立场的人。如果他能换位思考，他就会明白他现在提出的要求是不可能达成的。下次我肯定不会再参加类似的无聊会议了，你懂的。"

在部署 AI 的过程中，作为领导者的你和团队成员可能会因为技术融入工作流程且触犯了不同利益相关者的利益而经历情绪激动的状况，这是可以理解的。但是，要成功地让所有利益相关者参与到 AI 部署的旅程中，你必须意识到自己的情绪，坦诚地表达这些情绪，并尝试与团队成员建立情绪同频关系。情商要求你具备强烈的自我意识，你需要反思自己为什么会对所处情况有这样的感受。这是至关重要的，如果你无法反思自己，那么你就无法换位思考，也就无法理解员工和团队的感受。在这种情况下，你可能会面临失去团队支持的风险，这将严重限制你的 AI 部署项目的成功率。

一位深谙 AI 的领导者必须能够预见并妥善处理团队成员的情绪波动，同时审视自己在他人眼中的形象。如果有人告诉你他如何看待你，而你听后感到惊讶，这可能是一个信号，提示你需要提升自己的情商。即使你并不感到惊讶，但如果你不甚在意他人如何看待你或你的言行对团队的影响，这同样表明你需要加强对情商的培养（并且可能意味着你并不是领导 AI 部署项目的最佳人选）。

超越技术细节，旨在有效沟通

除了能够以非技术受众易于理解的方式传达技术细节，你还需要妥善处理 AI 部署项目中的情感事宜。为此，你可以通过恰当的语调和肢体语言向员工展现共情，并对 AI 部署项目的重要性和紧迫性给予明确表达。

为了做到这一点，你需要花些时间，精心准备一些逻辑清晰、引人入胜的小故事，便于向不同的利益相关者阐释部署 AI 的必要性。你可以具体描述将要发生的变化、预计的时间节点（提供时间表）、这些变化在工作流程中的具体环节（它们对工作的影响，以及为了适应这些变化所需的对组织结构和数据基础设施的投资），以及为何要推动这些变化（目的）。在沟通时，表达方式同样重要，这就需要运用你的情商了。不仅要让利益相关者明白，你已经理解 AI 部署带来的结构性变化对他们的影响，还要在沟通中融入你的情感和对他人的共情。通过这种方式，你表明了自己意识到 AI 部署对他们意味着什么，已经识别并理解他们复杂的情绪，并且理解这些情绪是人们面对重大变革时的自然反应。这种沟通方式将展现你的态度：员工和团队是 AI 部署项目不可或缺的重要部分，他们的需求和利益将在项目的每个阶段得到充分考虑。

增强你的好奇心

AI 与过往的其他颠覆性技术有着显著的区别，它要求领导者意识到传统方法的局限性，并且能够拓宽视野，思考 AI 在未来的多种应用可能性。领导者的这种能力是由好奇心驱动的。正是好奇心促使你超越传统问题和已知解决方案的框架，以批判性思维和多角度视野审视问题，并在更广阔的领域内寻找可能的解决方案。

遗憾的是，许多企业领导者尚未培养出好奇心。我观察到不少领导者在 AI 部署项目中持保守态度，他们坚持在批准 AI 部署项目前提出一系列标准问题。我记得一位运营经理曾惊讶地告诉我，公司里负责支持 AI 部署项目的数据科学家们不断向他询问是否有合适的数据可供使用。他惊讶地说："他们为什么要问我？他们才是专家！"我随即问他："公司部署 AI 后，对你所在部门可能产生哪些潜在影响，你难道没有任何想法或疑问吗？"他回答说："没有！想那么多干吗？公司高层决定引进 AI，那就引进吧！技术人员知道下一步该怎么做。"

这位运营经理几乎没有展现出应有的好奇心。如果他拥有好奇心，便能预见 AI 在业务中可能引发的问题，并提出创新的解决方案。当公司的 AI 部署项目影响到你的部门时，作为一位深谙 AI 的领导者，你不应该保持沉默，而要勇于提出问题。你需要展现出好奇心，提出与你和你的团队息息相关的问题，这有助于探索出最佳的 AI 部署方式，同时最大限度提升员工的工作效率、幸福感和积极性。通过提问，你可以发现在将 AI 融入业务流程时，是否有可能通过更创新的方法为部门创造更大的价值，并针对 AI 部署项目带来的挑战提出多种解决方案。

不断提出问题，看看是否有合适的数据能提供有价值的答案和精确的预测。如果没有，你应寻求更多的数据。作为一位既具备扎实硬技能又拥有出色软技能的领导者，你提出的问题将成为数据质量评估的方向性指引，同时也将成为推动技术人员积极寻找新问题答案的动力。正如领英的首席运营官（COO）丹·沙佩罗（Dan Shapero）所指出的："领导者需要理解并解读每时每刻都向他们涌来的海量数据，并有智慧地过滤掉其中的噪声……我们必须提出问题，关注这一切对我们的业务、客户和团队意味着什么。这就要求我们组织中的所有人都具备好奇心。"[6]

培养主动解决问题的能力

AI 系统可能以迅猛且不可预测的方式不断演化。当它发展到某个临界点时，它可能会引发一些新的、意料之外的问题，这就需要我们人类迅速介入并及时解决。作为一位深谙 AI 的领导者，你需要证明自己能够迅速做出决策来应对这些问题，引领组织持续前进，在全公司范围内推动 AI 技术的广泛应用。据调查显示，38% 的高级管理者认为解决问题的能力是"CXO"层级管理者[①]应具备的重要素质。因此，当你面对艰难决策时，请不要回避责任；你需要积极培养解决问题的技能，因为人们期待你发挥领导作用。[7]如果你能预见 AI 可能给企业带来的挑战，你将能够更迅速、更有效地采取行动。

让我们来看一个实例。一家区域性制造企业采用了 AI 算法来监控仓库的包装和运输流程。CTO 制定了一份包含 AI 部署成本的预算，并优化了

---

① "CXO"层级管理者指的是公司中最高级别的管理层，其中"CXO"是"Chief X Officer"的缩写，"X"代表不同的职责或领域，常见的 CXO 职位包括 CEO（首席执行官）、COO（首席运营官）、CFO（首席财务官）、CTO（首席技术官）、CMO（首席营销官）、CIO（首席信息官）等。——译者注

基础设施，以确保工厂的装配线、人力资源部门以及 CEO 办公室之间能够顺畅地共享数据。这些数据原本计划用于对装配线工人进行月度例行评估。然而，在项目实施的六个月中，月度例行评估从未实际执行过。问题出在哪里？调查发现，CTO 的预算中没有包含招聘数据专业人才的费用——这些人才对于在人力资源领域处理数据至关重要。而 CEO 办公室也缺乏维护数据所需的能力，结果导致了数据泄露，员工的个人隐私面临安全威胁。显然，CTO 当初在考虑 AI 部署项目的成本时，并没有全面地从不同角度进行思考。他提出的问题太少，缺乏足够的好奇心，以至于未能预见到 AI 部署过程中可能出现的问题。如果他在项目初期就更加积极地提问，则可以在早期阶段调整预算，从而避免这些潜在问题的出现。

主动识别并预见 AI 部署可能引发的潜在问题，是确保项目成功的关键。为此，你可以研读相关的商业案例，加入那些正在进行 AI 部署的企业领导者社群，分享你的见解并汲取他们的经验。作为一位对 AI 有深刻理解的领导者，你应成为一位卓越的问题解决者，能够预见潜在问题，并在问题恶化前果断采取最佳方案解决该问题。

如何指导员工提升他们的软技能

深谙 AI 的领导者明白，必须培养一支能够将人类智慧与智能机器相结合的人才队伍——他们不仅在执行任务时展现出高效率，而且在专业技能与个人素养上同步发展。因此，不仅是你自身需要提升软技能，你的员工和团队成员同样需要提升他们各自的软技能。实际上，研究指出，软技能的提升可以使员工所创造的价值增长超过 8%。[8] 然而，挑战在于，寻找高情商的员工并非易事。《华尔街日报》的调查发现，在 AI 日益普及的今天，大约 89% 的企业表示难以找到具备所需软技能的新员工。[9] 因此，作为一位深谙 AI 的领导者，你的一个关键职责是引导员工提升他们的情商。如何实现做到这一点呢？下面，我给三点建议。

平易近人，坦诚交流

向受 AI 部署项目影响的员工清晰传达，你始终愿意提供支持，并乐于讨论他们在使用 AI 过程中遇到的任何问题。然而，在评估 AI 应用的反馈会议上，许多领导者往往未能展现出真正的亲和力。其结果是，员工们不愿提问，也未能与领导者真正建立联系。我曾目睹这种情况发生在一位经验不足的年轻经理身上，他当时负责领导一个基于机器学习的聊天机器人测试项目。在与各部门员工的讨论会议上，他总是沉默寡言，很少插话，也很少分享自己对项目的真实看法。他以为这样做能鼓励员工自由表达，但这种谦逊并未带来预期效果。员工们将他的沉默解读为操控，认为他试图通过让员工们自由发言来缓和他们对自动化的抵触。这导致员工们开始与他保持距离，并对整个项目持怀疑态度。

真诚示弱，激发信任

信任，是人们构建稳固合作关系的基石。你需要利用自己在商业、技术和情商方面的专长，在组织中广泛培养信任，从而提高员工们对 AI 部署项目的接受度。如果组织内缺乏信任，那么你在任何新的 AI 部署计划上都将缴纳更多"学费"，因为员工可能会因犹豫不决而拖慢决策进度，进而增加成本。为了促进信任的建立，你需要提升自己的可信度。

提升可信度的一个关键策略，是在 AI 部署的沟通中保持开放、真诚示弱。[10] 真诚示弱意味着，你作为一位对 AI 有深刻理解但不完全是技术专家的领导者，愿意承认在项目推进中会遇到的困难和挑战，并勇于与员工分享这种"脆弱"。在适当的工作场合，你可以分享自己过往类似的挣扎经历，以及你对 AI 系统上线后可能带来的潜在负面影响的预判。然而，你不应与员工分享高级管理者之间的潜在斗争、冲突和分歧，以免让员工看到在决策部署 AI 时领导层的矛盾。

做真实的自己

若要激励员工自我提升并提高工作效率，你首先需要成为自信的楷模，为员工设定清晰目标：通过将 AI 整合入日常工作，促进他们在个人和职业层面的持续成长。你应传达的核心信息是：部署 AI 不是要把所有任务都自动化，而是为了帮助员工更好地完成工作，从而提高他们的绩效和创造力。在这一沟通过程中，至关重要的是你对此使命拥有坚定信念，这与你的领导者身份相契合。使用 AI 来提升员工的绩效和满意度，同时优先考虑人的价值，这一愿景必须与你的真实自我保持一致，否则你可能显得过于理想化或操纵性过强，缺乏可信度和可靠性。为了展现真诚与可信度，你应更深入地参与项目，避免给人一种高高在上的印象。通过实际参与工作积累的经验，将使身为领导者的你在推动员工接受和参与 AI 部署项目时，显得更加自信且值得信赖。

结语

引领今朝，开创未来

几年前，当 AI 从学术领域走向商业舞台时，一位大型跨国公司的高级管理者（让我们暂且称他为"乔治"）感到了深深的不安。作为一位资深的运营和管理专家，乔治对于 AI 可能带来的影响感到不确定。他察觉到他的团队对这项新兴科技产生了恐惧，因此产生心理防备，尽量避免讨论有关 AI 的话题。我记得当时曾告诉他，我对他如此轻易地忘记了自己的领导力表示惊讶。"为何这么说？"他问道。

"毫无疑问，你需要对 AI 有所了解。"我告诉他，"在我看来，现在正是展现你领导力的关键时刻。你需要理解这场 AI 变革的本质，它对你们团队意味着什么，以及你打算如何利用它。从领导力的角度来看，这与领导者面对的其他变革别无二致。你需要充分发挥你的技能。以你丰富的从业经验，我相信你完全具备这些能力。"

他看着我，眼中闪过一丝不悦，但最终没有爆发，只是轻声嘟囔："但我对 AI 的了解，只是一点皮毛知识，我所知道的知识有哪些是技术专家不知道的呢？"

几年后的今天，乔治仍然在同一家公司工作，但是有趣的是，他已经成功地将 AI 技术引入了自己的团队。这些年来，究竟发生了什么？

原来，乔治在接触 AI 的过程中找到了自己的方法——他将 AI 视为一种工具，一种他作为企业领导者能够驾驭的工具。虽然这听起来似乎很简单，但对乔治而言，却是一个关键的转变。这种认识促使他深刻反思：作为领导者，他应该如何掌控对 AI 的运用，进而维护自己的信心和领导力，而不是被这项技术左右。在过去的几年里，乔治逐步掌握了关于 AI 的基础知识，并利用这些知识来指导他的团队。他会在合适的时机、合适的地点以合适的方式来使用 AI 这一工具。

学习 AI 并从业务角度进行抉择，是他部署 AI 的第一项策略。第二项策略是让那些在日常工作中需要经常与 AI 互动的员工接受并理解 AI，使 AI 对团队更加有意义。作为领导者，乔治一直自豪于团队成员之间多年来建立的坚实信任基础。因此，他没有让 AI 的引入破坏这种信任，而是提供资源，聘请技术专家，确保技术模型尽可能透明化和更具可解释性。他希望员工能够理解 AI 系统决策的全过程，并确保数据共享的透明度。乔治经常亲自前往工作现场，向技术人员提出问题，倾听业务部门的顾虑，并参与有关 AI 使用的研讨会和信息交流会。通过强化团队凝聚力，强调每个团队成员的独特价值，并将 AI 定位为一个有益的、支持性的新"同事"，乔治成功地在公司已经启动的 AI 部署项目中转守为攻，掌握了主动权，从而避免成为技术的附庸。

无论你在哪个行业，为哪家公司效力，或追求何种职业梦想，一个不容置疑的事实是：AI 已经无处不在，你无法回避它。你的任务是成为像乔治那样的人。不要感到焦虑，也不要忽视你已经掌握的知识和技能。直面这一挑战，将 AI 转化为创造价值的工具——没错！在 AI 时代，释放你自身的潜力，创造出你作为领导者所期望的价值。

正如我们所见，这绝非小事一桩。事实上，面对 AI，如今大多数企业领导者都感到不知所措，认为成功整合这项技术几乎是一项不可能完成的任务。他们注意到，随着"AI 将重塑一切"的信念深入人心，商业叙事也在悄然转变。部署 AI 成为当务之急，而人类的重要性似乎只能退居其次。在这种氛围下，许多领导者开始怀疑自己的价值，于是就像乔治最初那样，他们退缩了，放弃了自己的领导职责。

但这种新兴的工作文化真的能让 AI 为你和你的组织效力吗？正如我在本书中反复强调的，答案是否定的。**AI 部署之所以失败多于成功，往往是因为领导者对 AI 的认知和态度出现了问题。**许多企业领导者认为自己不是技术专家，因此在企业部署 AI 时选择默默退居幕后，却忽略了一个关键点：**领导者本身，正是成功部署 AI 并推动长期价值创造的核心要素。**因此，本书深入探讨了作为企业领导者，你需要采取的 9 项关键行动，以引领企业在 AI 部署过程中的各项变革。这 9 项关键行动将帮助你展现成功领导 AI 部署项目所需的领导力。

你可能已经注意到，本书所强调的这 9 项行动，与算法、机器学习技术或数据分析技术的直接关联并不大。甚至在浏览本书目录时，你可能会感到疑惑："这本书不是讲 AI 的吗，但这些内容看起来都只是领导力技能而已。"你说得没错！事实上，深谙 AI 的领导者本质上就是杰出的领导者，他们只是在 AI 这一革命性技术的背景下，灵活而有效地运用了这些核心领导力技能而已。

掌握了本书所讲述的核心领导力技能，我们下一步还能期待些什么呢？在一个 AI 话题无处不在的未来，核心领导力技能还重要吗？这 9 项行动是否会持续发挥其价值，还是可能变得过时，甚至被我们尚未预见的某种新型智能技术取代？

对于未来，我们确实无法预知确切的答案。然而，我必须指出：如今，人们强烈地感受到智能技术的快速发展——这种速度可能已经超出了许多人的预期。因此，许多人坚信，在不远的将来，几乎所有问题都将有对应的技术解决方案。这种看法并非毫无依据。举例来说，当 ChatGPT 在 2022 年11 月 30 日面世时，它迅速成为全世界现象级的技术产品。仅两个月后，这款大语言模型工具就吸引了超过 3000 万名用户，日访问量高达 500 万次。[1]此前，没有任何技术产品能实现如此迅猛的增长，而且预计该增长还将继续加速。实际上，随着 ChatGPT 的推出，一场关于生成式 AI 的竞赛已经拉开序幕，包括微软、谷歌在内的全球知名企业纷纷投入更多资源以争夺市场上的最新技术。因此，有人会认为我在本书中所强调的核心领导力技能在未来可能变得不那么重要，这种观点在一定程度上是有道理的。但是，我个人认为，这种可能性不大。

我希望身为企业领导者的你能够认识到，尽管科技行业取得了巨大的进步，但真正的颠覆性变革目前还没有出现。[2] 为何这么说呢？回顾历史，无论是蒸汽机、数控技术还是互联网，它们所涉及的关键技术都与它们所取代的传统技术有着根本的不同。然而，今天我们所见证的许多所谓革命性技术并没有创造出我们从未见过的新事物。今天的 AI 系统与传统的 AI 系统在工作原理上并无二致，只是更加高效。[3] 由于目前的技术应用并非完全由全新的技术所驱动，因此我预计，在企业追求成功部署 AI 项目的过程中，你的领导力行动不仅不会失去其重要性，反而会变得更加关键。

我们今天在商业领域所见证的技术应用（这些应用大多基于对现有技术的改进和完善，而非完全依赖全新的技术），主要是通过 AI 来分析数据，引导智能技术预测可能出现的人类行为，并提供相应的行动建议。但这种能力会很快使领导者的角色变得多余吗？答案是否定的。分析行为数据并不等同于深刻理解人类行为背后的深层意义，也不等同于对人类行为做出有意义的回应——而后者恰恰是领导者所擅长的，也正是 AI 不擅长的。AI 在执行本书所推荐的领导力行动时显示出诸多局限性，这些局限性凸显了领导者在任何技术应用项目中都处于核心地位，同时也强调了持续实践和维护本书所探讨的领导力行动的重要性。

无论技术如何突破，组织始终需要洞悉正在发生的变革——目前 AI 正是我们的组织和社会所经历的重大变革——并能够将这些领导责任转化为具体变革情境下的实际行动。智能技术给组织带来的变革显然是不容忽视的：**在未来十年中，组织的形态和运作方式都将因 AI 的存在而发生显著变化。然而，不变的是，企业将继续需要强有力的领导者来指导任何技术转型——当 AI 融入组织时，这些领导者将比以往任何时候都更加需要参与其**

中，并发挥他们的连接和领导职能。

请准备投入大量的时间和精力，以掌握 AI 时代的领导艺术。全力以赴地承担起你的领导职责，仿佛你在 AI 时代的生存之道就系于此。更何况，这正是事实!

致谢

　　这本书的创作之旅是一段非凡的探索历程，也是一次深刻的自我反思和人际关系的建立历程。最重要的是，这是一段让我感到无比愉悦的旅程。正如生活中任何重大成就的实现都离不开众人的支持，这本书的诞生同样如此。我衷心感谢《哈佛商业评论》出版社的编辑斯科特·贝里纳托（Scott Berinato），当我提出撰写一本聚焦于人工智能时代企业领导者行动指南的图书时，他不仅以满腔热忱接纳了我的创意，还以他的专业知识指导了我的写作，在注重细节的同时又不失对全局的把握。同时，我也要特别感谢出版社的安妮·斯塔尔（Anne Starr）和夏恩·帕特森（Cheyenne Paterson），感谢他们在本书的编辑完善过程中给予的帮助。

　　思想的火花从不孤立闪现，而是在协作中迸发的。就我而言，我在新加坡创立的团队——人工智能技术促进人类福祉中心 (AiTH)，对本书的成型起到了至关重要的作用。我衷心感谢杰克·麦奎尔（Jack McGuire）、沙恩·施魏策尔（Shane Schweitzer）、马哈克·纳格帕尔（Mahak Nagpal）和安德烈亚斯·德佩勒（Andreas Deppeler）对本书所做的贡献。特别感谢杜娟的慷慨资助,她的支持对于 AiTH 的创立以及推动 AI 服务于人类世界的相关研究至关重要。在将我们的构想转化为这本书的过程中,我的亲密合作伙伴、AiTH 成员德韦什·纳拉亚南(Devesh Narayanan)发挥了关键作用。他对人工智能发展格局的深刻洞察,极大地拓展了本书的深度、提升了内容的质量。同时,我也要向所有慷慨分享宝贵时间,与我讨论 AI 部署给他们的组织带来挑战的企业高级管理者们表示衷心的感谢。

没有亲人的支持,我无法完成我的学术旅程,也无法对思想领导力做出贡献。我衷心感谢我的母亲艾米丽(Emily)和父亲沃尔特(Walter),感谢他们对我的教育和始终如一的陪伴。特别要感谢我的妹妹布伦达(Brenda),她一直是我们全家人的守护者,用她的关爱和守护为我们带来了安宁。最后,我要感谢我的妻子张燮(Jess)和女儿汉娜(Hannah),感谢你们给予我的坚定不移的爱,以及将家营造成一个让我在工作和生活中都能安心依靠的安全港湾。

关于作者

大卫·德克莱默（David De Cremer）

现任美国东北大学达摩·麦金商学院唐顿家族院长，也是该校管理与技术学教授。他是美国东北大学体验式人工智能研究所的研究员，耶鲁大学法学院司法协作实验室的特聘研究员，剑桥大学嘉治商学院和圣埃德蒙学院的名誉研究员。他还是新加坡国立大学 AiTH 的创始人，以及安永全球人工智能项目顾问委员会委员。在加入美国东北大学之前，他曾担任新加坡国立大学商学院教务长教席教授、管理与组织学教授，以及剑桥大学嘉治商学院的毕马威教席管理学教授。

大卫是他这一代人中最多产的行为科学家之一，并已获得国际科学界颁发的多个奖项，以示对他早期和中期职业生涯成果的认可。他被"全球管理大师"（Global Gurus）组织评为全球前三十位管理大师和演讲者之一，入选 2021 年度 Thinkers50 中"下一代商业思想家 30 人名单"，并被提名为 Thinkers50 数字思维杰出奖候选人（这是一项被《金融时报》誉为"管理思想界奥斯卡"的两年一度的竞赛），且持续位列全球顶尖科学家前 2% 之列。

2009 年，他被评为荷兰最佳行为经济学家；2023 年，被评为新加坡最佳心理学研究学者。大卫已出版多部著作，其中《算法同事：人工智能时代的领导学》一书在亚马逊 Kindle 版排行榜上名列前茅，被《金融时报》评为 2020 年 4 月至 6 月必读书籍之一，并被沃顿商学院列为 2020 年夏季必读的 15 本领导力书籍之一。

大卫的研究成果已在多家国际媒体发表，包括《科学美国人》《彭博新闻》《经济学人》《福布斯》《金融时报》《哈佛商业评论》《华尔街日报》《海峡时报》《商业时报》等。他曾与众多知名组织展开广泛合作，包括诺华集团、巴克莱银行、百威英博、汇丰银行、新加坡银行、苹果公司、沃达丰、索尔维集团、雀巢、埃克森美孚、花旗集团、IBM、渣打银行、怡和、荷兰合作银行、荷兰国际集团、拜耳、思科、帝斯曼和阿斯利康等。

注释

前言

1. Nicole Jones, "11 Digital Transformation Quotes to Lead Change and Inspire Action," *Digital Transformation* (blog), Kintone Corporation, January 25, 2018.

2. For $6.8 trillion figure, see Michael Shirer and Eileen Smith, "New IDC Spending Guide Shows Continued Growth for Digital Transformation in 2020, Despite the Challenges Presented by the COVID-19 Pandemic," International Data Corporation (IDC), May 2020. For project failures, see M. Wade and J. Shan, "Covid-19 Has Accelerated Digital Transformation, but May Have Made It Harder Not Easier," *MIS Quarterly Executive* 19, no. 3 (2020).

3. Kelly Ng, "Singapore 4th in Digital Competitiveness, Leads Asia's Ranking," *Business Times*, September 28, 2022.

4. R. W. Gregory et al., "The Role of Artificial Intelligence and Data Network Effects for Creating User Value," *Academy of Management Review* 46, no. 3 (2021): 534–551.

5. Anand S. Rao and Gerard Verweij, "Sizing the Prize: What's the Real Value of AI for Your Business and How Can You Capitalise?," PwC, 2017.

6. G. von Krogh, "Artificial Intelligence in Organizations: New Opportunities for Phenomenon-Based Theorizing," *Academy of Management Discoveries* 4, no. 4 (2018): 404–409.

7. Bradley Voytek, "Are There Really as Many Neurons in the Human Brain as Stars in the Milky Way?," Scitable, Nature Education, May 20, 2013.

8. TN Viral Desk, "AI-Powered Humanoid Robot Named CEO of Chinese Company in World First," TimesNow, September 7, 2022.

9. B. F. Skinner, *Contingencies of Reinforcement: A Theoretical Analysis* (New York: Appleton-Century-Crofts, 1969), 288.

10. The quote is ChatGPT's response to author's question "What kind of leadership is needed when organizations adopt AI?," obtained October 13, 2023, 2 p.m., using ChatGPT version 3.5 program from OpenAI.

第 1 章

1. J. K. U. Brock and F. von Wangenheim, "Demystifying AI: What Digital Transformation Leaders Can Teach You About Realistic Artificial Intelligence," *California Management Review* 61, no. 4 (2019): 110–134.

2. David De Cremer and Garry Kasparov, "AI Should Augment Human Intelligence, Not Replace It," hbr.org, March 18, 2021.

3. Carl Sagan, *The Demon-Haunted World: Science as a Candle in the Dark* (New York: Random House, 1996).

4. J. Lwowski et al., "Task Allocation Using Parallelized Clustering and Auctioning Algorithms for Heterogeneous Robotic Swarms Operating on a Cloud Network," in *Autonomy and Artificial Intelligence: A Threat or Savior?*, ed. W. F. Lawless et al. (New York: Springer International Publishing, 2017), 47–69; E. Glikson and A. W. Woolley, "Human Trust in Artificial Intelligence: Review of Empirical Research," *Academy of Management Annals* 14, no. 2 (2020): 627–660.

5. E. L. Bucher, P. K. Schou, and M. Waldkirch, "Pacifying the Algorithm– Anticipatory Compliance in the Face of Algorithmic Management in the Gig Economy," *Organization* 28, no. 1 (2021): 44–67; J. Duggan et al., "Algorithmic Management and App-Work in the Gig Economy: a Research Agenda for Employment Relations and HRM," *Human Resource Management Journal* 30, no. 1 (2020): 114–132.

6. J. H. Korteling et al., "Human Versus Artificial Intelligence," *Frontiers in Artificial Intelligence* 4 (2021): 622364.

7. Y. Duan, J. S. Edwards, and Y. K. Dwivedi, "Artificial Intelligence for Decision Making

in the Era of Big Data—Evolution, Challenges and Research Agenda," *International Journal of Information Management* 48 (2019): 63–71.

8. S. M. Kelly, "ChatGPT Passes Exams from Law and Business Schools," *CNN Business*, January 26, 2023.

9. David De Cremer and Devesh Narayanan, "A Cross-Cultural Approach to the Future of Work," *Nature Reviews Psychology* 1 (2022): 684.

10. M. Mitchell, "Abstraction and Analogy-Making in Artificial Intelligence," *Annals of the New York Academy of Sciences*, June 25, 2021; M. Ricci, R. Cadene, and T. Serre, "Same-Different Conceptualization: A Machine Vision Perspective," *Current Opinion in Behavioral Sciences* 37 (2021): 47–55; R. Toews, "What Artificial Intelligence Still Can't Do," *Forbes*, June 1, 2021.

11. David De Cremer, "Machines Are Not Moral Role Models," *Nature Human Behavior* 6 (2022): 609.

12. Mike Loukides," AI Adoption in the Enterprise 2021," O'Reilly Media, April 19, 2021.

13. S. T. Mueller et al., *Explanation in Human-AI Systems: A Literature Meta-Review, Synopsis of Key Ideas and Publications, and Bibliography for Explainable AI* (DARPA XAI Program, February 2019).

14. Jacques Bughin, Susan Lund, and Eric Hazan, "Automation Will Make Lifelong Learning a Necessary Part of Work," hbr.org, May 24, 2018.

15. Claudia Goldin and Lawrence F. Katz, *The Race between Education and Technology* (Cambridge, MA: Harvard University Press, 2008).

16. David De Cremer and Leander De Schutter, "How to Use Algorithmic Decision-Making to Promote Inclusiveness in Organizations," *AI and Ethics* 1 (2021): 563–567.

17. J. Bhutan, "Open AI CEO Calls for Laws to Mitigate Risks of Increasingly Powerful AI," *Guardian*, May 16, 2023.

18. David De Cremer and Devesh Narayanan, "On Educating Ethics in the AI Era: Why Business Schools Need to Move Beyond Digital Upskilling, Towards Ethical Upskilling," *AI and Ethics*, June 5, 2023.

第 2 章

1. David De Cremer and Garry Kasparov, "AI Should Augment Human Intelligence,

Not Replace It," hbr.org, March 18, 2021; David De Cremer and Garry Kasparov, "The Ethical AI-Paradox: Why Better Technology Needs More and Not Less Human Responsibility," *AI and Ethics* 2, no. 1 (2022): 1–4; David De Cremer and Garry Kasparov, "The Ethics of Technology Innovation: A Double-Edged Sword?," *AI and Ethics* 2 (2022): 533–537.

2. Natasha Lomas, "'We Should Not Talk about Jobs Being Lost but People Suffering,' Says Kasparov on AI," TechCrunch, May 17, 2017.

3. Eva Ascarza, Michael Ross, and Bruce G. S. Hardie, "Why You Aren't Getting More from Your Marketing AI," *Harvard Business Review*, July–August 2021.

4. Eleanor Pringle, "Microsoft's ChatGPT-Powered Bing Is Becoming a Pushy Pick-Up Artist That Wants You to Leave Your Partner: 'You're Married, But You're Not Happy,'" *Fortune*, February 17, 2023.

5. Marvin L. Minsky, "Why People Think Computers Can't," *AI Magazine* 3, no. 4 (1982): 3–15.

6. E. Davis and G. Marcus, "Commonsense Reasoning and Commonsense Knowledge in Artificial Intelligence," *Communications of the ACM* 58, no. 9 (2015): 92–103.

7. Yann LeCun, "About the Raging Debate Regarding the Significance of Recent Progress in AI," Facebook post, May 17, 2022.

8. Billy Perrigo, "The New AI-Powered Bing Is Threatening Users. That's No Laughing Matter," *Time*, February 17, 2023.

9. Jeran Wittenstein, "A Factual Error by Bard AI Chatbot Just Cost Google $100 Billion," *Time*, February 9, 2023.

10. M. Pandey, "Apple's Missing Bite Is LLMs, and It Makes Sense for Them," *Analytics India Magazine*, March 30, 2023; M. Sullivan, "Apple's Silence on Generative AI Grows Louder," *Fast Company*, March 21, 2023.

11. Larry Fink, quoted in Andrew Ross Sorkin, "World's Biggest Investor Tells C.E.O.s Purpose Is the 'Animating Force' for Profits," *New York Times*, January 17, 2017.

12. Richard Waters and Miles Kruppa, "Rebel AI Group Raises Record Cash after Machine Learning Schism," *Financial Times*, May 28, 2021; Chloe Xiang, "OpenAI Is Now Everything It Promised Not to Be: Corporate, Closed-Source, and For Profit," Vice, February 28, 2023; Saumil Kohli, "Elon Musk Sparks Controversy: Criticizes OpenAI's Profit Motive Post-Investment," *Coinnounce*, May 17, 2023.

第 3 章

1. Vala Afshar, "80% of Organizations Will Have Hyperautomation on Their Technology Roadmap by 2024," ZDNET, June 22, 2022.

2. T. Haesevoets et al., "Human-Machine Collaboration in Managerial Decision Making," *Computers in Human Behavior* 119 (2021): 106730; A. Murray, J. E. N. Rhymer, and D. G. Sirmon, "Humans and Technology: Forms of Conjoined Agency in Organizations," *Academy of Management Review* 46, no. 3 (2021): 552–571.

3. Nitin Mittal, Beena Ammanath, and Irfan Saif, "State of AI in the Enterprise, 5th Edition," Deloitte, October 2022.

4. K. Senthil Kumar, K. Venkatalakshmi, and K. Karthikeyan, "Lung Cancer Detection Using Image Segmentation by Means of Various Evolutionary Algorithms," *Computational and Mathematical Methods in Medicine* (2019); V. Ferrari, "Man–Machine Teaming: Towards a New Paradigm of Man–Machine Collaboration?," *Disruptive Technology and Defence Innovation Ecosystems* 5 (2019): 121–137; T. W. Malone, "How Human- Computer 'Superminds' Are Redefining the Future of Work," *MIT Sloan Management Review* 59, no. 4 (2018): 34–41.

5. NYU Tandon School of Engineering, "Award-Winning Tandon Researchers Are Exposing the Flaws Underwriting AI-Generated Code," New York University, June 16, 2022; Hammond Pearce et al., "Asleep at the Keyboard? Assessing the Security of GitHub Copilot's Code Contributions," Cornell University, December 16, 2021.

6. B. J. Dietvorst, J. P. Simmons, and C. Massey, "Algorithm Aversion: People Erroneously Avoid Algorithms After Seeing Them Err," *Journal of Experimental Psychology: General* 144, no. 1 (2015): 114–126.

7. A. Papenmeier, G. Englebienne, and C. Seifert, "How Model Accuracy and Explanation Fidelity Influence User Trust," paper presented at IJCAI 2019 Workshop on Explainable Artificial Intelligence (xAI), August 11, 2019, Macau, China, arXiv:1907.12652; T. Maier, J. Menold, and C. McComb, "The Relationship between Performance and Trust in AI in E-Finance," *Frontiers in Artificial Intelligence* 5 (June 21, 2022).

8. E. Glikson and A. W. Woolley, "Human Trust in Artificial Intelligence: Review of Empirical Research," *Academy of Management Annals* 14, no. 2 (2020): 627–660.

9. Edelman, "Edelman Trust Barometer 2021," PowerPoint presentation, Daniel J. Edelman Holdings, Inc., 2021; A. F. Winfield and M. Jirotka, "Ethical Governance Is Essential to Building Trust in Robotics and Artificial Intelligence Systems," *Philosophical Transactions of the Royal Society A: Mathematical, Physical and Engineering Sciences* 376, no. 2133 (2018): 20180085.

10. N. Gillespie, S. Lockey, and C. Curtis, "Trust in Artificial Intelligence: A Five Country Study," University of Queensland and KPMG Australia, 2023.

11. David De Cremer, "What COVID-19 Teaches Us about the Importance of Trust at Work," *Knowledge at Wharton*, June 5, 2020.

12. R. C. Mayer, J. H. Davis, and F. D. Schoorman, "An Integrative Model of Organizational Trust," *Academy of Management Review* 20, no. 3 (1995): 709–734.

13. For the drivers' manipulation of the algorithm, see Mareike Möhlmann and Ola Henfridsson, "What People Hate about Being Managed by Algorithms, According to a Study of Uber Drivers," hbr.org, August 30, 2019. For the drivers' use of surge pricing, see Isobel Asher Hamilton, "Uber Drivers Are Reportedly Colluding to Trigger 'Surge' Prices Because They Say the Company Is Not Paying Them Enough," *Business Insider*, June 14, 2019.

14. L. Nazareno and D. S. Schiff, "The Impact of Automation and Artificial Intelligence on Worker Well-Being," *Technology in Society* 67 (November 2021): 101679.

15. Lisa Fickenscher, "Workers at Amazon's Staten Island Warehouse Hold Rally Over High Injury Rates," *New York Post*, November 25, 2019.

16. P. M. Tang et al., "No Person Is an Island: Unpacking the Work and After-Work Consequences of Interacting with Artificial Intelligence," *Journal of Applied Psychology* 108, no. 11 (2023): 1766–1789; S. Cantrell, T. Davenport, S. Hatfield, and B. Kreit, "Strengthening the Bonds of Human and Machine Collaboration," *Deloitte Insights*, November 22, 2022.

17. T. Davenport, "The Future of Work Now: the Digital Life Underwriter," *Forbes*, October 28, 2019.

18. L. Rainie, C. Funk, M. Anderson, and A. Tyson, "How Americans Think About Artificial Intelligence," Pew Research Center, March 17, 2022.

19. Mark van Rijmenam, "Algorithmic Management: What Is It (and What's Next)?,"

Medium, November 13, 2020.

20. Nicolaus Henke, Jordan Levine, and Paul McInerney, "Analytics Translator: The New Must-Have Role," hbr.org, February 5, 2018.

21. J. McGuire et al., "When Leaders Promote Trust in Algorithms: on the Importance of Humble Leadership and Voice Opportunities in Algorithmic Performance Evaluations," unpublished manuscript.

22. Cantrell et al., "Strengthening the Bonds of Human and Machine Collaboration."

23. Kevin Roose, "AI-Generated Art Won a Prize. Artists Aren't Happy," *New York Times*, September 2, 2022.

第 4 章

1. Gary Hamel and Michele Zanini, "The End of Bureaucracy," *Harvard Business Review*, November–December 2018.

2. HRK News Bureau, "Will AI Replace 46% of Administrative Jobs?," *HRKatha*, March 23, 2023.

3. J. McKendrick, "Please, Keep Artificial Intelligence from Becoming Another Out-of-Touch Bureaucracy," *Forbes*, May 29, 2020.

4. J. Mökander and L. Floridi, "Operationalising AI Governance through Ethics-Based Auditing: An Industry Case Study," *AI and Ethics* (2022): 1–18.

5. N. Crampton, "The Building Blocks of Microsoft's Responsible AI Program," *Microsoft on the Issues* (blog), January 19, 2021.

6. S. Shane and D. Wakabayashi, "'The Business of War': Google Employees Protest Work for the Pentagon," *New York Times*, April 4, 2018; Sean Hollister, "Nearly a Dozen Google Employees Have Reportedly Quit in Protest," CNET, May 14, 2018.

7. G. I. Parisi et al., "Continual Lifelong Learning with Neural Networks: A Review," *Neural Network* 113 (May 2019): 54–71; Yochay, "How to Apply Continual Learning to Your Machine Learning Models," *Towards Data Science*, July 11, 2019.

8. C. S. Lee and A. Y. Lee, "Clinical Applications of Continual Learning Machine Learning," *Lancet Digital Health* 2, no. 6 (2020): e279–e281.

第 5 章

1. Denis McCauley, "The Global AI Agenda: Promise, Reality, and a Future of Data Sharing," *MIT Technology Review Insights*, 2020.

2. KPMG, "Easing the Pressure Points: The State of Intelligent Automation," KPMG Center of Excellence for Data-Driven Technologies, publication 36201-G, March 2019.

3. Ketan Awalegaonkar et al., "AI: Built to Scale," Accenture, 2019.

4. Tim Fountaine, Brian McCarthy, and Tamim Saleh, "Building the AI-Powered Organization Technology Isn't the Biggest Challenge. Culture Is," *Harvard Business Review*, July–August 2019.

5. Klaus Schwab, "The Fourth Industrial Revolution: What It Means, How to Respond," *Foreign Affairs*, December 15, 2015.

6. Mary Louise Kelly, "'Everybody Is Cheating': Why This Teacher Has Adopted an Open ChatGPT Policy," NPR, January 26, 2023.

7. Laura Lessnau, "U-M Debuts Generative AI Services for Campus," *Michigan News*, University of Michigan, August 22, 2023.

8. Z. Corbyn, "Microsoft's Kate Crawford: 'AI Is Neither Artificial nor Intelligent,'" *Guardian*, June 6, 2021.

9. Bosch Media Service, "Business Year 2016: Connectivity Keeps Bosch on Growth Course," press release, January 31, 2017.

10. Emily McCormick, "BofA CEO on Future of Banking: 'We're Clearly a Technology Company,'" *Y!Finance* (Yahoo), October 26, 2021; Breana Patel, "We Act Less Like a Bank and More Like a Tech Company," DBS, October 12, 2018; Michael Corbat, "CEO Michael Corbat's Keynote at the Mobile World Congress" (keynote address at Mobile World Congress, Barcelona, February 25, 2014), Citigroup News.

11. Shane Schweitzer and David De Cremer, "How Technology Business Narratives Both Promote and Undermine Organizational Trust and Commitment," unpublished manuscript.

12. N. R. Frick et al., "Maneuvering through the Stormy Seas of Digital Transformation: The Impact of Empowering Leadership on the AI Readiness of Enterprises," *Journal of Decision Systems* 30, nos. 2–3 (2021): 235–258; David De Cremer, *Leadership by*

Algorithm: Who Leads and Who Follows in the AI Era? (Petersfield, Hampshire, UK: Harriman House, 2020).

第 6 章

1. Jason W. Burton, Mari-Klara Stein, and Tina Blegind Jensen, "A Systematic Review of Algorithm Aversion in Augmented Decision Making," *Journal of Behavioral Decision Making* 33, no. 2 (2019): 220–239.

2. David C. Edelman and Mark Abraham, "Customer Experience in the Age of AI," *Harvard Business Review*, March–April 2022.

3. David Rotman, "How Technology Is Destroying Jobs," *MIT Technology Review*, June 12, 2013.

4. Edelman and Abraham, "Customer Experience in the Age of AI."

5. A. Birhane et al., "Power to the People? Opportunities and Challenges for Participatory AI," *Proceedings of the 2nd ACM [Association for Computing Machinery] Conference on Equity and Access in Algorithms, Mechanisms, and Optimization*, October 17, 2022; Min Kyung Lee et al., "WeBuildAI: Participatory Framework for Algorithmic Governance," *Proceedings of the ACM on Human-Computer Interaction* 3, issue CSCW, no. 181 (2019): 1–35.

6. Sara Brown, "The Lure of 'So-So Technology,' and How to Avoid It," MIT Sloan School of Management, October 31, 2019.

7. Nicky Burridge, "Artificial Intelligence Gets a Seat in the Boardroom," Nikkei Asia, May 10, 2017.

8. David De Cremer and Devesh Narayanan, "A Cross-Cultural Approach to the Future of Work," *Nature Reviews Psychology* 1 (2022): 684.

9. Anand Avati et al., "Improving Palliative Care with Deep Learning," *BMC Medical Informatics and Decision Making* 18, suppl. 4 (December 2018): 122.

10. R. Robbins, "AI Palliative Care an Experiment in End-of-Life Care: Tapping AI's Cold Calculus to Nudge the Most Human of Conversations," STAT, July 1, 2020.

11. N. Leveson, "An Investigation of the Therac-25 Accidents, Part V," *IEEE Computer* 26, no. 7 (July 1993): 18–41.

12. Helen Nissenbaum, "Computing and Accountability," *Communications of the ACM* 37, no. 1 (January 1994): 72–80, doi:10.1145/175222.175228.

13. Kathleen D. Vohs, Nicole L. Mead, and Miranda R. Goode, "The Psychological Consequences of Money," *Science* 314, no. 5802 (2006): 1154–1156.

14. David De Cremer, "With AI Entering Organizations, Responsible Leadership May Slip," *AI and Ethics* 2, no. 1 (2022): 49–51.

15. A. Asher-Schapiro, "Exam Grading Algorithms Amid Coronavirus: What's the Row About?," Reuters, August 12, 2020.

16. David De Cremer and Leander De Schutter, "How to Use Algorithmic Decision-Making to Promote Inclusiveness in Organizations," *AI and Ethics* 1 (June 22, 2021): 563–567.

17. "Hugging Face: The AI Community Building the Future," Hugging Face; Aaron Mok, "I'm an AI Ethicist: I Make Sure the Tech Is Safely Deployed to the World, but I Am Not an Oracle," *Business Insider*, May 13, 2023.

18. Arnaud Costinot and Iván Werning, "Robots, Trade, and Luddism: A Sufficient Statistic Approach to Optimal Technology Regulation," *Review of Economic Studies* 90, no. 5 (October 2023): 2261–2291.

第 7 章

1. Raymond R. Bond et al., "Human Centered Artificial Intelligence: Weaving UX into Algorithmic Decision Making," paper presented at International Conference on Human-Computer Interaction, Bucharest, Romania, October 2019, 8; M. O'Riedl, "Human-Centered Artificial Intelligence and Machine Learning," *Human Behavior and Emerging Technologies* 1, no. 1 (2019): 33–36; W. Xu et al., "Transitioning to Human Interaction with AI Systems: New Challenges and Opportunities for HCI Professionals to Enable Human-Centered AI," *International Journal of Human–Computer Interaction* 39, no. 3 (2023): 494–518.

2. Ben Shneiderman, "Human-Centered Artificial Intelligence: Three Fresh Ideas," *AIS Transactions on Human-Computer Interaction* 12, no. 3 (2020): 109–124.

3. J. Shin and A. M. Grant, "When Putting Work Off Pays Off: The Curvilinear

Relationship between Procrastination and Creativity," *Academy of Management Journal* 64, no. 3 (2021): 772–798.

4. David De Cremer and Garry Kasparov, "AI Should Augment Human Intelligence, Not Replace It," hbr.org, March 18, 2021.

5. David Benoit, "Move Over, Shareholders: Top CEOs Say Companies Have Obligations to Society," *Wall Street Journal*, August 19, 2019.

6. European External Action Service, "Human Rights in the Age of Artificial Intelligence: Shaping Our Digital Future," EEAS: The Diplomatic Service of the European Union, January 19, 2021.

7. The White House, "Blueprint for an AI Bill of Rights: Making Automated Systems Work for the American People," White House Office of Science and Technology, accessed November 1, 2013.

8. Jan A. Van Mieghem et al., "Predicting Human Discretion to Adjust Algorithmic Prescription: A Large-Scale Field Experiment in Warehouse Operations," *Management Science* 68, no. 2 (2022): 846–865.

9. Ellyn Shook and David Rodriguez, "Care to Do Better: Building Trust to Leave Your People and Your Business Net Better Off," Accenture, September 23, 2020.

10. B. Schwartz and J. E. Dodson, "Human Readiness Levels Promote Effective System Integration," *Ergonomics in Design* 29, no. 4 (2021): 11–15.

第 8 章

1. J. Manyika and K. Sneader, "AI, Automation, and the Future of Work: Ten Things to Solve For," executive briefing, McKinsey Global Institute, June 1, 2018.

2. James Wilson and Paul R. Daugherty, *Human + Machine: Reimagining Work in the Age of AI* (Boston: Harvard Business Review Press, 2018).

3. World Economic Forum, *Future of Jobs Report* (Geneva, Switzerland: World Economic Forum, 2023); McKinsey Global Institute, *Jobs Gained, Jobs Lost: Workforce Transitions in a Time of Automation* (McKinsey & Company, 2017).

4. D. H. Autor, L. F. Katz, and M. S. Kearney, "The Polarization of the US Labor Market," *American Economic Review* 96, no. 2 (2006): 189–194; M. Goos, A. Manning, A.

Salomons, "Globalization and Labour Market Outcomes," discussion paper 1026, Centre for Economic Performance, London, November 2010; L. Nurski and M. Hoffmann, "The Impact of Artificial Intelligence on the Nature and Quality of Jobs," working paper 14/2022, Bruegel, Brussels, July 26, 2022.

5. Pete Muntean and Greg Wallace, "FAA Rejects Republic Airways' Proposal to Reduce the Hours It Takes to Become a Co-pilot," CNN, September 19, 2022.

6. Chesley B. "Sully" Sullenberger III, "'Just Good Enough' Isn't for Pilots," *Seattle Times*, March 7, 2023.

7. Charles Duhigg, "What Google Learned from Its Quest to Build the Perfect Team," *New York Times*, February 25, 2016.

8. K. Wiggers, "MIT Students Use AI to Cook Up Pizza Recipes," VentureBeat, September 10, 2018.

9. R. Flintham and A. McLeod, "The History of the Marmite You Either Love It or Hate It Slogan," *Creative Review*, February 1, 2012.

第 9 章

1. J. O'Mahony and D. Rumbens, *Soft Skills for Business Success: Building Australia's Future Workforce* (Sydney: Deloitte Australia, May 2017).

2. Mark Marone, "Building Your Employees' Confidence to Adapt in an Era of Digital Transformation and AI," Dale Carnegie & Associates, January 21, 2021.

3. D. A. Garvin, "How Google Sold Its Engineers on Management," *Harvard Business Review*, December 2013, 74–82.

4. M. H. Huang, R. Rust, and V. Maksimovic, "The Feeling Economy: Managing in the Next Generation of Artificial Intelligence (AI)," *California Management Review* 61, no. 4 (2019): 43–65.

5. Trinity College Dublin, "Why Do We Forget? New Theory Proposes 'Forgetting' Is Actually a Form of Learning," *ScienceDaily*, January 13, 2022; T. J. Ryan and P. W. Frankland, "Forgetting as a Form of Adaptive Engram Cell Plasticity," *Nature Reviews Neuroscience* 23, no. 3 (2022): 173–186.

6. Dan Shapero, quoted in Douglas A. Ready, "In Praise of the Incurably Curious Leader,"

MIT Sloan Management Review, July 18, 2019.

7. O'Mahony and Rumbens, *Soft Skills for Business Success*.

8. J. Balcar, "Is It Better to Invest in Hard or Soft Skills?," *Economic and Labour Relations Review* 27, no. 4 (2016): 453–470.

9. K. Davidson, "Employers Find 'Soft Skills' Like Critical Thinking in Short Supply," *Wall Street Journal*, August 30, 2016.

10. P. Fuda and R. Badham, "Fire, Snowball, Mask, Movie: How Leaders Spark and Sustain Change," *Harvard Business Review*, November 2011.

结语

1. K. Roose, "How ChatGPT Kicked Off an AI Arms Race," *New York Times*, February 3, 2023.

2. Yann LeCun (@ylecun), "To be clear: I'm not criticizing OpenAI's work nor their claims. I'm trying to correct a *perception* by the public & the media who see chatGPT as . . . ," X (formerly Twitter), January 24, 2023.

3. E. Mollick, "ChatGPT Is a Tipping Point for AI," hbr.org, December 14, 2022.